U0136254

先秦貨幣通覽

蔡啟祥 著

蘭臺出版社

鬼臉錢…………………………………………………………020

春秋戰國時期的布幣………………………………………030

聳肩空首尖足布起源於「耒」…………………………………043

空首布鑄造工藝的探討…………………………………………049

三家分晉後的布幣（尖足布）…………………………………053

類方足布及類圓足布……………………………………………068

圓足布……………………………………………………………070

三孔布……………………………………………………………072

方足布……………………………………………………………086

釿布今釋…………………………………………………………105

燕明刀··151

博山刀··154

直刀··156

齊大刀··166

春秋戰國時期的環錢································178

魏國圜錢··180

趙國圜錢··183

兩周圜錢··185

齊國圜錢··186

燕國圜錢··187

秦國圜錢··190

秦的統一與「半兩」····························196

序 文

作者／蔡啟祥
1949 年生，台灣台北市人，
從事專業攝影工作十五年。
1990 年後熱衷於古泉學研究
曾獲獎項：
青溪文藝 金環獎
時報周刊系列報導金甌獎
日本富士影展 金牌獎
香港文藝協會 推薦作家
著作：
《七年、女人、我》
《苗族紋飾》（輔仁大學織品
服裝系編．本人負責攝影）
《樹蔭堂收藏元寶千種圖錄》
（本人負責攝影）

余自幼嗜好歷代古錢，可惜當時海峽兩岸，互不往來，古錢來源缺少，第一手出土資料更是難覓，自己經濟條件又不足，所以難有進展。九〇年代卻幸運的遇上兩岸的開放，雙方交流頻繁，古錢源源不斷進入台灣，資料多了，停滯多年的興趣又油然生起，加上經濟基礎已俱備了，收藏蒐集成果一日千里，其狂熱真有「上窮碧落，下黃泉」之勢；收藏之餘，不僅獲得樂趣，但也發覺海峽一隅的台灣「錢幣學」存在許多早年失真錯誤的資料，以訛傳訛，讓後學的我，感到失望。例如：台灣文津出版公司的中國貨幣史第 90 頁「兩漢以銅鑄幣為主的貨幣制度……元鼎二年行「赤仄錢」以赤銅鑲嵌郭。由於鑄幣技術的不斷提高……」等語。「赤仄錢」以赤銅鑲嵌郭，顯然是以「赤仄」兩字作字面解釋，沒有實物根據的論點。故心中萌出重新整理歷代古錢的衝動，然而自認才疏學淺，遲遲不敢動筆，一年復一年，又虛晃了數年。偶一日，讀梁啓超文章敬業與樂業文中說：「各人因自己的地位和才力、認真定一件事去做，凡可以為一件事的、其性質都是可敬。」又「把許多胡思、妄想杜絕了，省卻無限閒煩悶。」孔子說：「知之者、不如好之者，好之者、不如樂之者。」人生能從自己職業中領略出趣味，生活才有價值。孔子自述生平，說道：「其為人也、發憤忘食、樂以忘憂，不知老之將至云爾。」這種生活，真算得人類理想的生活了。

受此啓示，下定決心，將自己所學——（攝影），加上自己所藏——（古錢）結合為一件「大事」來完成它。從上古的貝幣開始至民國初年止，分幾冊完成，第一冊書名定：先秦貨幣通覽。

本書內容有三大部份：一、「考據資料」二、「錢幣資料」三、「相關圖片資料」。

其一「考據資料」：引用歷史文獻及貨幣史資料，更引用近年來考古出土報告，各地錢幣家發表文章、著述等。如：彭信威中國貨幣史、丁福保歷代古錢圖說、文物考古及近代泉學家孫仲匯、黃錫全等先進之文章，另有中國各省市錢幣學會刊物等等；在文章中原文引述，並注釋取得來源處及原作者大名，部份若為本人論點，此部份皆用「本人認為」或「拙見」或「筆者以為」等作為主觀的論點。文章引用希望是最新資料、或已定論者，縱然尚有爭議的論點更不放棄，因為歷史文獻會因新出土的資料不斷翻新、修正，此乃文化上的進步，不必在意後學者的反駁；「理」是越辯越白，我們不僅有雅量接受批評，更歡迎有實物證據的指正。「錢幣學」文章、書籍很多，只是太多人只輾轉抄錄前人作品，並未立新論或提出新證據，新主張。固然新論點常常因為新證據的不足、薄弱等等有所保留，但是「大膽假設、小心求證」乃是作學問的根本動力，寧可錯紕，也不可拘泥，更不可只拾前人牙慧而自滿。

其二「錢幣資料」：儘量引用自己的收藏品，歷代古錢浩翰如海，不可能集全；無法蒐集的部份，引用發表過了拓片、圖像，轉錄於書中並註明來源處。歷代新紀元的年號錢或重要稀少的錢幣或待考證的錢幣，皆標示年代、材質、規格、重量、備註等。並拍攝彩圖加以放大刊出，其餘錢幣儘可能全部以一比一原尺寸大小彩色圖片印出，此乃本書之特點。

其三「相關圖片資料」：「錢幣學」最深奧難懂的就是中國歷史漫長、歷代皇帝年號又多，造成考據之困難，無可避免的會頻頻引用歷代文獻資料，造成文章冗長，讀來相當吃力，很多人、事、地、物，都要從字詞間裡去想像；想像力弱的人，或耐心較差的人，實在讀來索然無味，興趣減低，最多只是看看拓片，瞭解一下自己手中藏品的珍稀和價值，滿足一下佔有慾，這對「錢幣學」的發展並無益處，也辜負了學者研究的苦心。「錢幣」上的資料、相關遺址因年代久遠，不可考或已荒蕪，難以取得攝錄，但本書以此為「誌」，克服困難，在真跡難覓的部份也會擷取些有關連的、生動的、趣味的，讓冷冰冰的古錢增加另外的色彩及生命，此乃本書另一特色。筆者學淺、膽大「班門弄斧」作此著述，錯誤難免，尚望前輩、學者給予指正，不勝感激。

二〇一四年五月於台北寓中

貝幣

貝 幣

貝和人類一直就是密切的關係，從遠古一直到廿一世紀的今天仍然伴著這種默契；在非洲許多少數民族至今仍然使用貝飾，也將貝視為貨幣的一種。貝的用途先由裝飾用途，而後演進成貨幣使用。原始社會物質生活比較簡單，可交換的物品並不太多，對物的價值觀也不像現代人那麼的明確，只要彼此喜歡，就可以交換、交易了。「貝」就成了俱備貨幣資格，為何能被作為貨幣的資格呢？除了它本身的價值外，它必須俱備某些特點，而這些特點為大家所認同，這才能形成貨幣。

一、它的量適中，雖不是遍地可拾，但也不會太難取得；交易過程中又得考慮內陸及海邊的距離，交通不發達的時代，尤其居內陸的人不易取得海邊貝殼，瀕海的人也不易取得山產、礦石等。取貝殼做成飾物，或直接用貝和內陸居民易物，貝是最好的產品，不像珍珠稀少難以取得，魚貨又難以保鮮、搬運。

二、它俱備美觀及圖騰意義，愛美是人的天性，人們喜歡將貝飾掛在項上，或做成頭飾，衣飾等等，用途越來越廣，需求量也就越來越大，完全依賴海邊的天然貝，是不足以滿足大家的需求，以獸骨、陶土、滑石等仿貝就開始出現了。另外，貝殼的齒、溝面又頗像女性生殖器，是嬰兒出生門戶，象徵生命的起源，當然就是吉祥物飾品，大家樂得接受掛帶。

三、它容易攜帶、容易分割、容易琢磨，貝殼有許多種類，在貝飾上的海貝或仿貝，都不會太大，也不會太重，也容易琢磨鑿孔，也可增減、分割、串連成不同長短的飾品，又不易毀損，這是在原始社會工具不發達、冶鑄技術不佳的時代裡，最合適的寶物了。（參閱：中國歷代貨幣大系）

貝幣（海貝）

各種不同材質的貝：

海貝

骨貝

骨貝

石貝

蚌貝

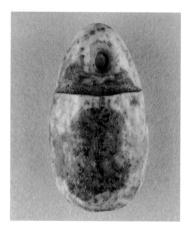

牛角貝

玉貝

玉貝

松綠石貝

鐵貝 (珍 1)

銀貝

鉛貝

琉璃貝 (珍 2)

銅貝

滑石貝

鎏銀貝 (珍 3)

包金貝

包金銅貝：

位於關中平原西部扶、岐兩縣交界處的古周原，是周人政治，經濟，文化活動的中心，即史書上所謂的「岐邑」「岐周」所在的京畿之地。

從古公亶父遷岐到周室東遷，大約三百多年的漫長歲月裡，這裡一直是周人活動的重要地區之一。西周商品交換有些什麼內容呢？除古文獻有記載外，西周銅器銘文中常有記載，當時在交易過程中會把實物折算成貝的價值，以「朋」為計算單位的史實，可見貝在當時已成為十分流通的貨幣。有名的「曶鼎」銘文中就記載了用人（奴隸），畜（馬）、土地、穀物、絲等財產作交換的史實，銘文中還涉及到金屬貨幣──遑（音，皇），即「包金銅貝」，其計量單位為「鋝」。

遑（包金貝）

單孔的仿貝

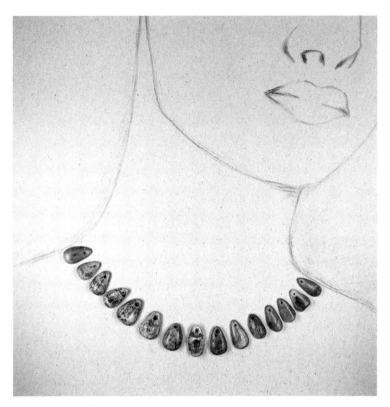

單孔編結的貝飾

單孔貝飾的項鍊模擬圖。

貝飾：

　　海貝或仿貝從出土的實物觀察，它都有兩個特點，
一、就是貝的正面保留齒、溝，背隆起的部位都被磨平。
二、仿貝的背部不僅是平坦，而且都穿鑿一個孔、二個
孔……等。這些穿孔都是為了編索、串索貝飾花樣而鑿的
孔，孔的大小是決定繩索的粗細，由於當時鑿孔工具的粗
略，只能鑿出口大底小的「牛角穿」。以往有人將單孔的
貝說成早期，雙孔的貝說是晚期，這是不對的，和年代無
關。

　　一枚貝若只穿一個孔，大都在上端，這些用法都是用
在單個垂吊樣式，或一排方式：

雙孔的仿貝

雙孔貝飾的項鍊模擬圖

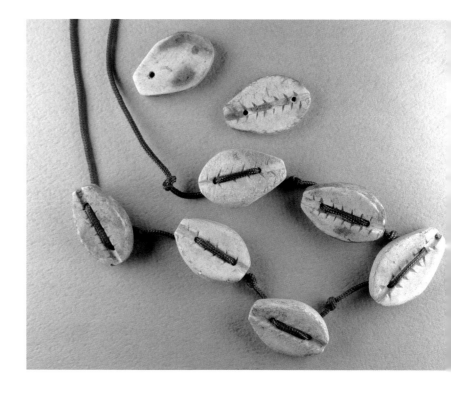

一枚貝若穿兩個孔，它的編織方法，就會行成一串，或並排多串；它的穿法很特殊，也很科學，先用繩子沿貝齒溝位置將繩入孔，再繞至背，由另外一孔穿出，拉緊後在貝的尾端打上一個平結，一枚接一枚編串而成。這樣的編織有許多好處，不僅可以使每枚貝飾平整服貼的串在一起，戴掛身上不會刮刺不舒適，打個平結又可使每枚貝飾不會上下鬆動或擠壓一起，這種編法又可和其他飾物連結增加美觀，在上古時期這是最常用的編織法，不僅用在人身上，也常被用在馬匹上裝飾；在殷商周出土的車馬坑中，就有馬匹頭上佈滿了貝飾。

臨淄出土的「車馬坑」，時間約在西周至春秋時期。

應國大墓車馬坑，貝飾馬具復原圖。

此銘文表示一個人在搬運寶物貨幣工作，當時運送貨幣仍然以肩挑的方式進行。

貝幣在中國的演進，也是有兩個階段，先是以裝飾品使用，應當是在殷商以前；當貨幣來使用，當在殷商周之間。青銅器時代來臨後，金屬貨幣成為社會主流，貝仍然被視為貨幣，視為裝飾品。

古代人貝穿成一串一串攜帶，這一串成一單位，殷商周時稱它為：「朋」。那一朋究竟是多少枚？也無一定標準，以考古出土的資料來看，大都以十枚貝為一朋計。在古青銅器上銘文，書寫到「朋」字的地方不少，可見貝幣在當時是生活中不可缺的民生工具。

小子省壺

甲寅子商小子省（貝）
五朋省鞏己易商君
用作父朋寶彝

這是個「貯」字，表示納貝於箱，箱中之「貝」代表財富。

五牛鼓貯貝器
（文物出版社雲南博物館）

鬼臉錢

鬼臉錢

南方的楚國使用一種橢圓形的小銅幣，「……很可能由銅貝發展出來的，」這是考古學者、泉學者對這種小銅幣的定見，似乎已經不可改變的定論了。本人並不認同？原因是所有出土的貝幣包括仿製貝，它的材質可以是金、銀、銅、鉛、骨、石、玉等等，也可大、也可小，但是它的磨製，一定保留貝型的基本樣式。一、就是：「橢圓型」。二、就是：一定有「溝、齒」。有這兩種特點才能說它是「貝幣」或「仿貝」，現在我們所見到的楚銅幣都沒有「溝、齒」，這和貝殼的關係已脫離了，只是它的大小和橢圓形狀相似而已，這樣就斷定它是銅貝的演化而來，有點牽強。《中國貨幣史》作者彭信威認為「蟻鼻錢」作為貝殼的承繼者在當時中國的幣制中是一種落後的因素……。」這種懷疑是出自對「貝」幣殘存印象。這些橢圓形銅幣上有各種文字、「咒」、「棄」、「行」、「君」，「匋」、「金」、「忻」等字。世俗把這些錢都稱「蟻鼻錢」或「鬼臉錢」。

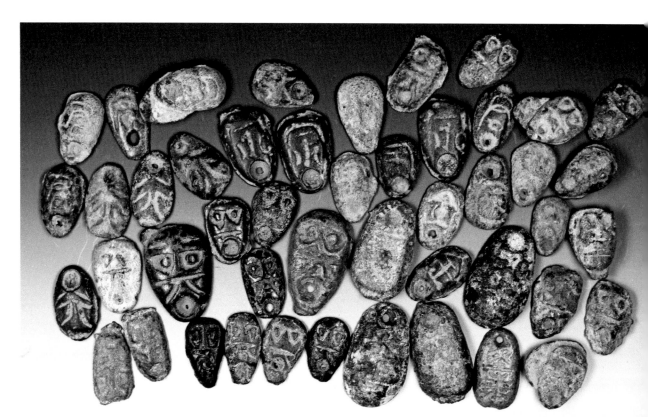

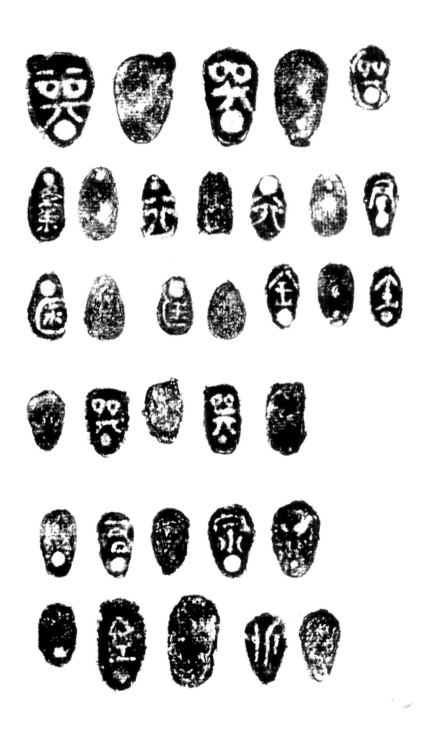

3.0g

其中最具代表性的是「兒」字，它量大又有大小減重現象，以及紋（文）有減筆現象，還有完整的母范出土等，所以它是楚境通用錢幣。歷來有蔡雲癖談釋：「晉」字，吳大澂《權衡量實驗考》釋：「貝」字，馬昂《貨幣文字考》釋：「當半兩」，初尚齡《吉金所見錄》釋：「哭」，方若《药雨古化雜咏》釋：「兒」。黃錫全釋：「巽」字的異體，或減筆，或增加飾筆……。筆者相信將來還會有另外新的解釋。

對這「兒」字的銅幣稱「鬼臉錢」，筆者另有拙見，我認爲「兒」是象形圖案，而不是己定型的「貝」字，這是來自族徽或面具上的圖案，古殷商銅器中就有製作精美的銅面具，至今在南方雲貴一帶也有臉戴面具行「儺祭」的古老儀式。它可遠溯到商周兩代，當時儺祭每年舉行三次，天子貴族參加的叫「國儺」和「天子儺」一般庶人只能參加「鄉人儺」。主持儺祭的中心人物叫「方相氏」，爲取得強烈效果，他在驅鬼時要佩戴閃亮發光的青銅面具，模樣神祕可畏。《論語·鄉黨載》：「孔子見鄉人儺，朝服而立於阼階。」孔子對鬼神一向持懷疑態度，他見了儺祭隊伍尚且要身穿朝服，恭敬地立於祖先神廟前的台階上，當時儺祭之盛行可想而知；大多數民族在其發展過程中都曾經產生過面具，這種面具文化在南方的楚國，也應當是盛行不衰；在春秋時期各國鑄幣莫不以和自己息息相關的生產工具作爲鑄幣的樣式。例如：東方的齊、燕以刀、削樣式鑄刀幣，中原的周以農具鏟樣式鑄空首布，晉地一帶則用農具耒樣式鑄尖足布、方足布等，西秦則以璧、環樣式鑄圓錢；楚鑄小銅幣在橢圓形銅幣上飾以面具紋飾，應該是合乎當代鑄幣潮流的。茲將多枚「兒」字楚銅幣（又稱：鬼臉錢）放大作一比較，就可發覺越早期的楚銅幣，型式越大越像「鬼臉」；晚期的薄小，減筆後，就比較不像面具了，反倒像一些認不得的文字。

貴州儺戲面具因其保存得最完整，流傳最廣泛，至今在貴州的漢、苗、布依、侗、土家、彝、瑤、仡佬等八個民族中都有儺戲流傳，成為西南地區另一種文化特色。

每種面具大都有一個傳說故事，說明該角色的來歷和生平，例如：開路將軍、押兵先師、引兵土地……等等。有時也加入了喜感的「歪嘴婆」等。

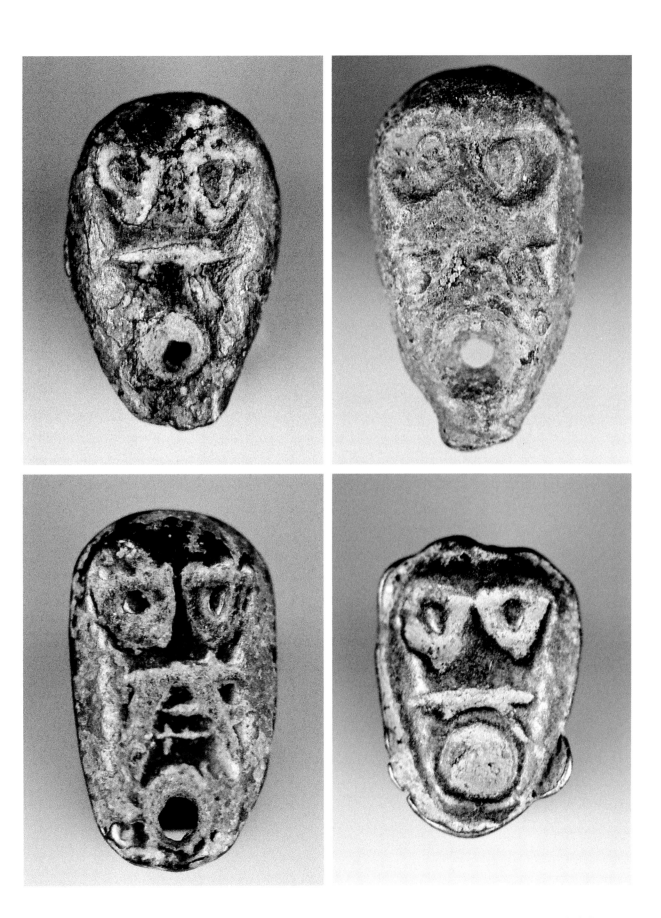

簡筆後的鬼臉錢

空首布

「空首布」是由農具「鏟」演變出來的，鏟具最大特點是在它上端銎部位置鑄成中空，以納木柄，周人鑄幣仍然保持這特色，所以後人將它命名為「空首布」。「布」可能是「鎛」字的同聲假借字，「鎛」是古代農具的名稱，古詩中有「庤乃錢鎛」的句子，後人以為布字是取其流布的意思，大概出於附會。

周朝的始祖是后稷，名棄。母親姜嫄對棄的出生、成長有如謎一般神話故事；棄對農耕種植麻菽很有心得，所以帝堯便推舉他農師；帝舜的時候，把邰（陝西武功縣）封給他，號叫后稷，姓姬。

棄之後傳，族人繁盛，田農耕上的需要，便遷到豳（陝西鄒縣），到了古公亶父的時候，再遷到岐山下的周原，所以叫周朝為「周」。周原地肥沃，適農耕，所以亶父就在這裡建築房屋，營建宮室，使族人漸漸脫離穴居生活，專心農殖生產，因而國勢逐漸強盛。

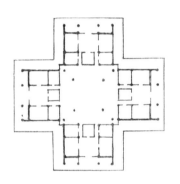

明堂：(想像圖)
明堂為修明政教的中心，亦為諸侯朝天子之會堂，其結構為四棟之制，成為十字的形式，正中的一方地上蓋圓形的屋頂，因位四棟之中，而面積又比其他四棟為大，故又稱「太室」。

周原遺址：
古公亶父於西元前八世紀，領族人遷陡於岐山〔今陝西周原〕一帶。周人在此居住達三百多年。

成周王城：
西周文王時，周公營建東都洛邑
於澗水潤之濱，名曰：「成周」，
春秋時稱王城，殷頑民居王城以
東。《漢書‧郡國志》：「河南周
公時城雒也。」這也是後來周朝
最後據點。

至文王武王時（約西元前八世紀），有周公輔政，版圖大為擴增，建都鎬，舉兵伐商，滅紂王，分封諸侯，行封建，並開始營建洛邑（河南洛陽）。傳至幽王（西元前781～771年），變愛褒似，曾演出「一笑傾國」的鬧劇。後因伐六僑之戎兵敗，死於驪山下，西周亡。

周平王宜臼即位，遷都洛邑，史稱東周。史家「春秋」編年始於此。春秋時代開始，諸侯勢力日壯，周天子形勢日衰，版圖僅剩今河南洛陽一帶。這時期不論是周天子或諸侯各國，對於銅器冶鍊技術已相當進步和熟嫻；反應在禮器、酒器、兵器……等鑄造工藝，即精美又靈巧華麗，一般生活用具漸漸仰賴銅器的生產。「銅」變成了貴重物品，誰擁有銅的多少，就代表誰的財富有多少，當然人與人交易過程中，開始重視銅的價值時，銅也就漸漸的躍上了貨幣的舞臺。

銅即然成為貨幣代表，但總要鑄成個形狀和大小才行；周人是以農立國的，農耕最常用的工具是「鏟」，這鏟具的形狀就成周鑄幣的原始模樣了。

周公測景台：
在河南告成鎮，所謂「測景」就是用
圭表測日影，直立的竿子稱為「表」，
以竿子腳下向正北伸出一條高出地面
的土壠稱「圭」。周人即根據「圭表」
來觀測日中影子的長度，以推算夏至、
冬至節日或宣耕種的日子。

上古時期人們常用的器物：

有織布用的陶紡、骨針，切割用的刀、削，狩獵的箭矢及身上飾品璧、環、貝、管、髮插等等；這時期周人還無俱備冶鑄金屬製作工具的能力。依《今本竹書紀年》記戴：武乙三年「命周公亶父，賜以岐邑」這是西元前 1201 年的事，《史記‧周本紀》「……於是古公乃貶戎狄之俗而營築城郭宮室，而邑別居之……。」可見古公之前周人仍然是很原始的穴居生活。

原始布（工具鏟）：

這是商、周時代常使用的農具鏟，也是後來周鑄「空首布」貨幣形狀的樣本。

周空首布分平肩和斜肩兩大類，平肩空首布有超大型、大型和小型三種（大型中又有大小區別，是減重問題，故不再細分）。斜肩空首布有大、小兩種。

超大型：

山西侯馬市出土，時間應在春秋時，重達 50 克，幣面、背上各加鑄三條豎線，可增強幣面抗壓，使整個布幣不易斷裂。這種超大型空首布，是周最早的金屬貨幣，相當少見。（上海博物館藏）

（珍 4）

大型：

上下長約 29 厘米，寬約 5 厘米左右，重約 25 ～ 30 克上下，幣面上鑄有單字、兩字及多字等銘文，以紀天干、地支或紀數、紀地等等。依幣面銘文地名考證，其地望都在河南洛陽、鄭州一帶居多，也就是戰國晚期周京畿附近。

34.4g　（弄）（珍 5）　　　　　33.7g　（非）（珍 6）

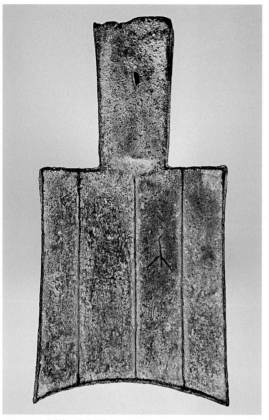

27.6g （小）（珍7）

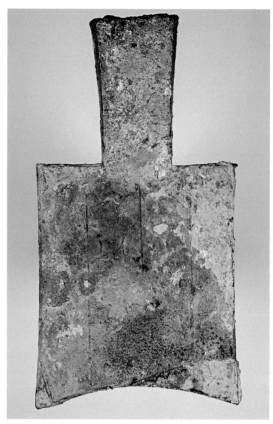

30.4g （八）（珍8）

24.8g （壬）（珍9）

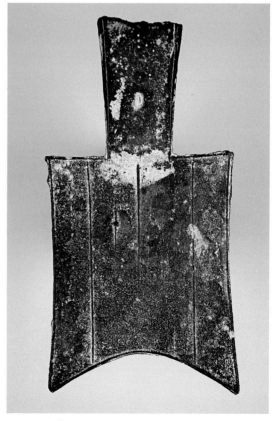

30.4g （十）（珍10）

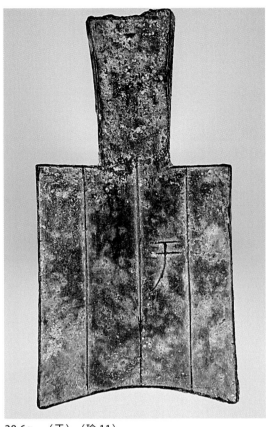

28.6g （于）（珍 11）

29.6g （城）

29.9g （白）（珍 12）

21.5g （台）

28g　（鬲）（珍 13）

18.37g　（丁）（珍 14）

四字平肩空首布：

四字「平肩空首布」文字的釋讀，從清代以來一直未能解決，最近裘錫圭正確地把第一個字「市」字釋出，從而使我們知道四字空首布有：「市東少化」「市南少化」「市西少化」「市中少化」及「市左少化」等。其背文有「正」「同」「余」「丘」「易」「H」等等。

春秋戰國時期，都城的市，是社會經濟活動的中心，《周禮・地官司徒》「司市」條的記載，說明當時已是一日三市，府設置管理集市的主要官吏為「司市」，「司市」的職責中有一條，「國凶荒札喪，則市無征而作布」。由此可知，布幣是由司市鑄造的，京畿的市顯然不止一處。《漢書・食貨志》記載，王莽時，長安有東市和西市的設置，而《頌齋吉金錄》有「市東」「市北」的銘文。結合四字空首布，可知東周的都城至少有東、南、西、北、中各市。四字空首布正是由各市的「司市」所鑄的。

30g
〔市南小化〕
（珍 15）

四字空首布的「少化」即「小貨」，所謂「小貨」，是對「大貨」相對而言；四字空首布的「少化」是對早期空首大布而言的。由此，可以推斷，一字空首布也是早期空首大布的「小貨」。

另外，黃錫全曾另作釋文：「市東少化」釋「少曲市東」（今河南濟源東北），「市南小化」釋「少曲市南」，「市西少化」釋「少曲市西」，「市中少化」釋「少曲市中」，「市左少化」釋「少曲市左」，又是另一新論點。往後是否會有另外新的考據出現呢？不得而知？但這不是壞事，人類文明史就是靠不斷新證據出土而建造的。（參閱：黃錫全《先秦貨幣通論》）

小型：

上下長約 7 厘米，寬約 4 厘米，重約 18 克上下，幣面文有：安臧、官考、文貨、安周、東周等。

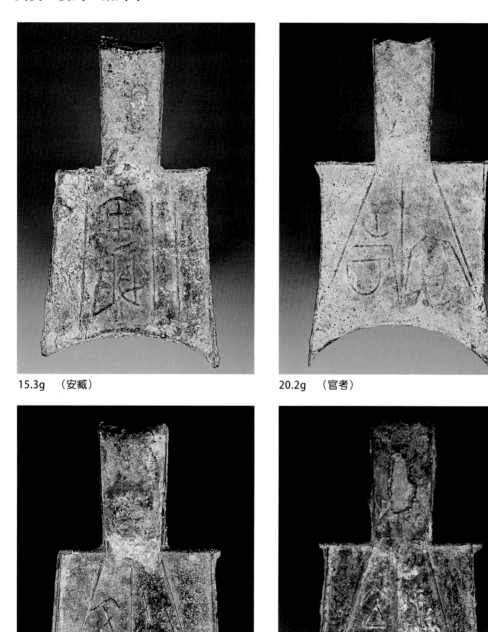

15.3g 　（安臧）　　　　　　　　　　　　20.2g 　（官考）

15.3g 　（文貨）（珍 18）　　　　　　　　20.7g 　（公武？）

斜肩空首布大樣：

有蘆氏、三川金化、武等。

25.1g　（蘆氏）　　　　25.5g　（三川金化）　　　23.9g　（武）

小樣：

有武安、武采等。

23.2g　（武安）（珍 19）　　20.5g　（武采）（珍 20）

19.2g
（東周）

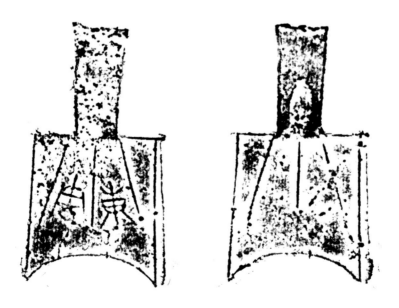

聳肩空首尖足布起源於「耒」

聳肩空首尖足布不是由空首布或原始布演變來的，聳肩空首尖足布鑄於晉國；空首布鑄於周王畿內，兩地不相統屬。作為春秋時的大國——晉，不需要把周天子的貨幣拿來改造一番，並在自己國內推行；相反，當時各諸侯都在謀求提高自己地位，稱王、稱霸，標新立異，正如孔子所說：「禮崩樂壞」。在這種政治環境下，曾經稱霸中原一百多年的晉國，是不會借用周王室的貨幣制度的。「齊刀」「半兩」「楚爰金、鬼臉錢」不從周制，也是一例。

聳肩空首尖足布的長銎（柄）、聳肩、尖足，是極為易折斷致殘的，而周空首布就沒有這種缺點，晉國不會把優越的空首布改變成容易折損的尖足布形式，貨幣演變規律，都是由繁入簡，晉國不可能反向行之。聳肩空首尖足布是早期金屬貨幣之一種，它是由商品交易演變而成為通用貨幣；這種通用貨幣以銅為材質，形狀模仿早期農業生產中使用來掘土的工具——「耒」，大小則縮小許多。

「耒」有時與耜、畬連稱為：耒耜，或耒畬，是古代重要的農業生產工具。從石器時代一直沿用到秦漢。古文字、古文獻資料中「耒」出現很多，如：《管子·海王篇》「耕者必有一耒一耜一銚」。1979 年在湖北江陵的楚都紀南城出土了兩件戰國時期保存良好，套有鐵刃的雙齒木耒。今天有許多表示農耕的字，如：耕、耘、耦、耙、耜……等都有「耒」字旁，也說明古代用「耒」很普遍。

金屬貨幣是由商品貨幣發展來的，商品貨幣是當地生產的有用而且可以轉讓的東西，古代牲畜、獸皮、五穀、布匹、石刀、石斧等都曾充當過商品貨幣，作為常用農具——耒，也完全可以充當商品貨幣。一但

仿古人持「耒」的塑像：
是依古文獻及出土畫磚像所彫塑。因為現在的人不使用耒這種農具，所以許多人不知「耒」為何物？

大禹持耒圖：
古時候耒這種農具，是日常生活中常用的工具，在出土的畫磚像上，時有所見。

金屬貨幣出現時，就會模仿「耒」的形狀，以適應人們對「耒」的信賴心理。

我們從眾多的實物來觀察，可以明顯地看到尖足布、圓足布、方足布在發展過程中，不斷受「耒」的影響，基本上這些「尖足」形式的布幣自始至終，沒有離開「耒」的基本形狀，也說明春秋戰國時期貨幣形式的多變化；聳肩空首尖足布、大小尖足布、方足布、圓足布等，從出土量來看，它的質和量相當的穩定，不亞於周的鏟布，應當是春秋、戰國時中原一帶的主流貨幣。

「耒」型聳肩空首布的演變，我們仔細將類型布幣按

神農氏持耒耕田圖：
出自山東嘉祥縣，是漢代武氏祠畫磚像石刻中的一個局部，可見「耒」這種農具，一直到漢代時仍然是農民常使用的工具。

年代順序排列，就可明顯看出它是和「鏟」布不同系統；
尤其近年考古出土之聳肩空首尖足布，大都出土在舊晉之
地，尤其山西侯馬市一帶更多、更集中。侯馬是戰國時趙
國舊邑（新田），時間約在西元前 585 年左右，也就是史
稱「三家分晉」之後；當時趙國經濟實力強大，冶鑄也很
發達，如：趙人卓氏以冶鐵致富，趙邯鄲人郭縱是冶鐵業
大富豪，富可敵國。

　　所以我們相信「聳肩空首尖足布」是晉、趙自行發展
出來的一種以農具「耒」為圖型的貨幣；和周室的「鏟」
布貨幣是兩個不同系統。

聳肩尖足布：
又名：「無文大布」。
早年出土都是面、背兩面沒有文字而得名。
重 43.5g。

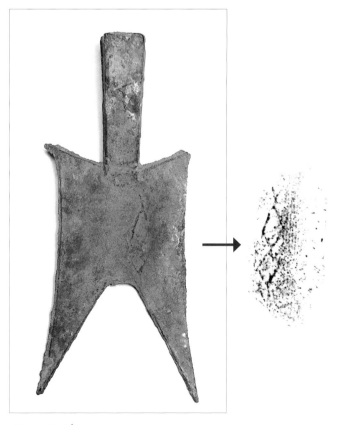

幣面上鑄「⌥」字？
黃錫全釋：「玄金」，鑄於泫地。
重 30.2g

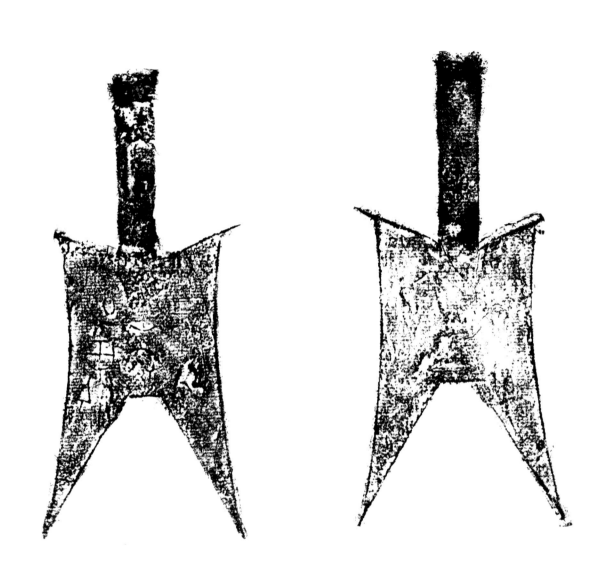

聳肩尖足布（多字）：
近年陸續出土有單字、二字及多字等。幣形略小。
本件為多字布，目前僅能釋出「重以黃釿……」，其餘尚待考之。
重 34.8g

以「耒」爲圖型的布幣：

空首布 鑄造工藝的探討

　　空首布是商周時期至戰國末年秦滅周止（西元前781～211），河南洛陽，周京畿一帶的通用貨幣，其造形源於農具的鏟、鎛，後人稱「鎛」為「布」。若細分，尚可分出鏟形的「平肩空首布」、「斜肩空首布」和耒形的「聳肩空首布」，後者的造形為山西、晉國一帶使用的農具「耒」，兩者遞沿不同；其共用性為把柄「銎」呈空心狀，統稱這一類銅幣為「空首布」。

　　空首布在人類使用貨幣的演進過程中，是一種很奇特造形的金屬貨幣，像一支小鏟子，我們來研究其構造：

一、我們先拿當時使用的農具來研究，發覺其銅鏟本身樣式和今日農稼使用的鏟相同，數千年樣式不變，只是今日使用為鐵製品，樣式放大而已；古時的鏟是用銅來冶鑄的，硬度不及鋼鐵，若製造過大，則使用時容易折損，故早期銅鏟製作不會太大，這是可以理解的，往後因冶鑄技術之進步，其形狀則越來就越大型了。

二、這種耕用的鏟，還不能稱為貨幣，它仍然是工具用途而已，我們稱它為「工具鏟」（圖1），它是布幣的前身。而後，鑄成其型制大小和工具鏟差不多的貨幣，大體上仍然沿襲工具鏟的樣式，改變最多的地方是其銎部（柄）。銎部縮小了，不再可以插入木柄，只其象徵而已，鏟身也變得薄、小，因為容易折損，所以在幣面上加鑄三條豎文，增強抗壓力；有時也會鑄上一、二個字，我們稱它為「原始布」（圖2）。

（圖1）工具鏟。
（珍21）

（圖2）原始布　上海博物館藏

三、從原始布開始，這種空首布的貨幣開始流通於黃河流域中游一帶，其中又以周天子洛陽京畿一帶為重點；在幣面上的文字，大都以一個或二個文字，內容以天干、地支或紀數、紀地為主，字體上乃用先秦的籀文或象形文，鑄造形狀則愈鑄愈小，所以有「減重說」、「等制說」兩種說法。

　　但是不論大小，它仍然保持鏟形的樣式，尤其銎部仍然鑄成空心狀，這一特色是我們今日要討論的重點。在三千多年前的科技要將銅鑄品鑄成空心狀，憑那時代的冶鑄知識、設備、工具等，那是何等的困難！若用兩片合范一次澆注，既容易又快速，為何捨簡就繁呢？原因出在銅材本身，在商周時期，銅是一種貴重的金屬，既難求又不易掌握來源，從歷史記載上得知商為取得銅礦，曾遷都四次，也曾為爭礦大動干戈，爭戰目的就是取得銅礦，可見當時銅是非常的貴重，誰擁有銅礦誰就是擁有財富。在商都安陽百公里之內出產銅礦的地區，計有：河南武涉、山西黎城、安陽的銅山等三處，產錫之地則有河南淇縣、武安、河北滋縣、成安等四處，這武、武安、滋、成安等地名，在空首布上是可以見到的。從這些地區得到的礦砂，在交通上不會有多大問題。冶鑄銅器、銅幣的原料是木炭，銅與錫的比例，銅 83%，錫 17% 左右；銅幣的鑄造須採砂、製范、冶鑄、修飾等四個步驟。

四、鑄幣既然要節省銅材，幣面（鏟面）鑄得愈薄就能節省銅料，所以在許多出土的空首布上，會發現因注入銅汁不足，形成銎部上端漏銅缺失，或幣面上有漏洞、砂孔；另外一個省銅重點，就是在銎部上動腦筋，若將銎鑄成實心，則太浪費銅材了，鑄成空心就可以省掉不少銅材，在技術上來說不是困難的問題，沿襲以往鑄造鏟、耒等工具的技術方法來冶鑄即可。但是要將銎鑄成空心狀，而且是為了節省銅材要鑄的薄，和鑄造工具的性質完全不同，在技術上如何克服呢？

這是一個大問題。古人鑄幣是用土爲范，面、背兩范合在一起，上端留注口，待銅汁入范後，冷卻、拆泥范、得銅幣，這是鑄幣的方式。先秦的刀幣、圜錢、釿布、楚幣等，都是使用這一方法。

五、銎部和幣面是一體成型的，不是分次完成，爲了讓銅汁入范後，由下往上注滿，這一工作要一氣呵成，不能停頓，否則銅汁在中間冷卻凝固會行成炸范，既危險又容易失敗，既然不能停頓，當然就要用多范合鑄一次完成的方法。多范合鑄的青銅器，在商周時期已經發展到相當成熟階段，從這一時期的精美青銅器物可以佐證。所以空首布的鑄造是由三個土范合爲一體的方式，在《中國山西歷代貨幣》書中 16 頁上就有出土實物圖片（圖 3），它是山西侯馬的晉國遺址發掘出土的。

(圖 3) 空首布泥范，上端錐形泥，就是「泥心」。

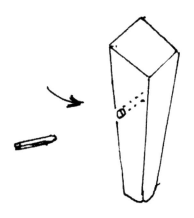

(圖4) 銅釘入泥心。

三個范爲：「面范」、「背范」、「泥心」，泥心就是要將銎部鑄成空心所必須的一道手續，這泥心中間存在許多科技奧妙。這個「奧妙」？第一個問題，是如何克服這一小泥心在注入銅汁時，不會因銅汁由下往上溢出時，因本身泥心輕而被銅汁溢出呢？聰明的工匠將泥心中間插入一根銅釘（圖4），在面、背合范後將泥心放入，因泥心中間橫了一根銅釘，釘子露出的部份剛好頂住面、背范，這樣就形成了泥心和面、背范四周圍的空隙，也就形成了「空心」，而且又能固定泥心位置。我曾爲試驗這理論，將一枚空首布的銎部泥心挖空，確實發現中空的銎內部是有一根銅釘存在。第二個問題，所有出土的空首布，爲什麼在銎部中間一帶都有一小洞呢？（圖5）這也是在泥心的面、背表面上做一小凸點（在幣上就形成一個漏銅小洞），目的用途也是和上述作用相同，作爲固定泥心用。待鑄成後，棄面、背泥范，保留中間泥心。所以今日所見到的空首布，銎部都留有泥心，它是合范的一部份，不是因入土而形成的。

(圖5) 銎（柄）凸釘點，及漏銅洞。

三家分晉後的布幣

趙國：

春秋末期，晉國發生大夫之爭，其中以知氏最強，併吞了中行氏與范氏，並壓迫韓、魏、趙三家，西元前453年三家聯合滅知伯。史稱「三家分晉」，歷史也進入戰國七雄時代。

戰國時代各國無不銳意改革，以求富國強兵，趙為邊地國家，至趙靈王時（西元前325～395年）提倡尚武精神，下令國人胡服騎射，北略胡地，大拓彊土，繼滅中山國（河北定縣）。彊域有今山西省大部，河北省西南部，山東省一隅，及內蒙古南部之地。

秦積極東侵時，六國彼此利害不同，秦人復加挑撥，秦國張儀「連橫」之策破壞東方各國團結，長平之役，趙軍四十萬為秦所破，不久秦圍邯鄲，幸平原君求楚、魏之軍相救，趙始免於亡國。秦始皇十八年，秦大興兵攻趙。十九年王翦、辛瘋定取趙地東陽得趙王。趙公子嘉率其宗數百人之代，自立為代王，東與燕合兵、逢大飢。二十年燕、代發兵擊秦軍，失利。二十五年代王嘉為王翦所虜，趙亡。

趙王城遺址：
在今河北邯鄲市西南四公里處，西元前三世紀趙國一百八十多年的國都。趙國最初都晉陽（山西太原），復遷中牟（河南鶴壁），至西元前386年始鄰邯鄲。在趙武靈王時，國勢達至頂峰，躋身「戰國七雄」之林。王城建正方型，主殿部份每邊長約1400米，中有龍臺，高約13米。此城後為秦滅趙時，為章邯夷平，成為廢墟。

趙王城的外城西牆。

邯鄲古城：
此地為河北平原出中原的交通要衝，且為往山西的要道，自古有旅人故事的舞台。有：張儀
在邯鄲被同門的蘇秦所羞辱的故事。有：盧生宿邯鄲做白日夢，稱「黃樑一夢」的故事。近
鄰日本的歌劇，也有叫「邯鄲」的曲名，可知這地方知名度甚高。

邯鄲叢台：
原名：武靈台。相傳武靈王觀賞歌舞與閱兵之地。

邯鄲學步：
戰國時代，鄰國人都很羨慕邯鄲人
走路優美的步伐。燕國壽陵人將小
孩送至邯鄲學習，那知道幾個小孩
學習了許久。沒學成反倒忘了自已
原來走路的樣子，結果只好匍匐爬
回壽陵，路人見了皆掩口而笑。

大型尖足布：

　　是晉國「聳尖尖足布」的演化、簡化而形成的「尖足布」；其特點是將空首的銎鑄成平面，和幣面形成一體。尖足布有大、小二式，大型重量約 12 ～ 15 克之間，幣面上都鑄有文字，以兩個字的居多，幾乎都是地名。可以確定為趙國鑄造的有：甘丹（即邯鄲）、晉陽、易人（今釋：陽曲）、茲氏、藺、榆次、大陰、邪山。

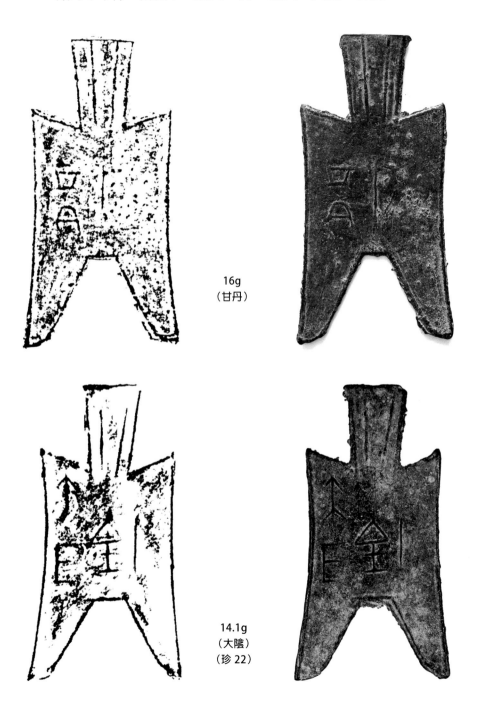

16g
（甘丹）

14.1g
（大陰）
（珍 22）

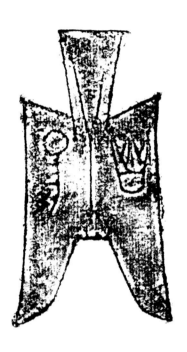

14.2g
（晉易）

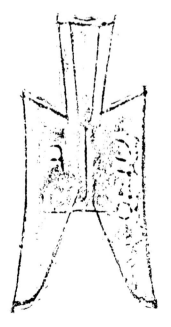

11.5g
（易人）

10.9g
（茲氏）
（珍 23）

16.7g
（藺）
（珍 24）

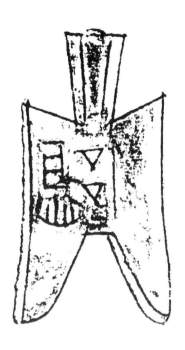

16.2g
（邪山）
（珍 25）

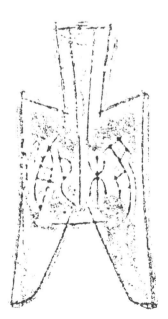

13.5g
（榆次）

榆次放大圖

小型尖足布：

　　尖足布是由趙國開始鑄造，而爲鄰國一些地區所採用；而且在發展上看來，似乎是先有大尖足布，然後才有小尖足布，因爲有些小尖足布上還鑄明作半枚用。例如：榆次半、晉陽半、茲氏半等字樣，後來小布適於流通，就成了標準的單位，而且也不再鑄明「半」字了。

4.9g
（榆次半）

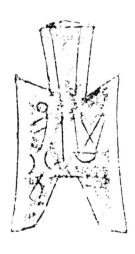 

6.4g
（陽曲半）

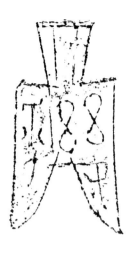

5.8g
（茲氏半）

5.9g
（慮虒半）

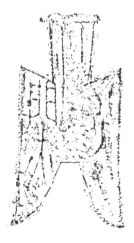

6.5g
（藺半）

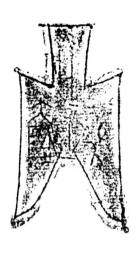

6.7g
（大陰半）

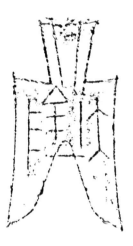

6.2g
（大陰）

5.7g
（平州）

5.4g
（武平）

6.0g
（武安）

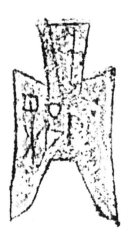

6.2g
（郹）

6.5g
（平周）

5.8g
商丘（城襄）

5.6g
（霍人）

5.4g
（郭）

5.5g
（西都）

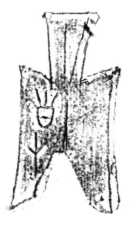

5.0g
（專）

5.7g
（北茲金化）

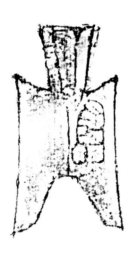

6.8g
（易人）

6.4g
（离石）

類方足布及類圓足布

　　類方足布、類圓足布，是小型尖足布的晚期的樣式：是尖足布演變爲方足布過渡期的特別產物。另外，這兩種類足布，保留了尖足布幣面上、背面上的三條直豎紋，這是和方足布最大的不同特徵。

4.5g
（茲氏半）

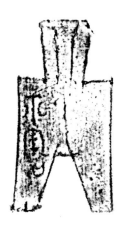

5.4g
（平周）

4.3g

（晉易）

圓足布

　　圓足布的種類和數量都少，它的特點是圓肩圓足圓褲襠，面文「藺」及「离石」兩種，背紋呈三豎文，和尖足布相似；卻和方足布不同，其鑄造地是趙國，以藺地及离石兩地為主，這兩地在戰國時期原本是趙國的鑄幣重鎮，是秦、魏國等垂涎之地，因而時常發生戰爭，也曾短期為

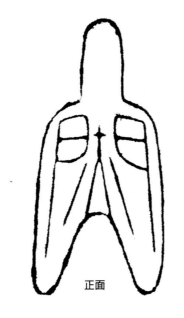

正面

12.6g
（藺）
（珍 26）

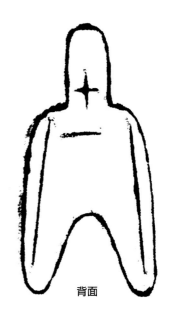

背面

秦、魏之屬地，但大部份時間是屬趙國。這兩個地方所鑄
的圓足布有大有小。例如離石布，小的重約 9 克，大的
18 克。藺布則大小種類很多，似乎沒有一定的等級，也
許曾發生減重的現象，形制上也有大的差別，有些小褲足
管，而且張得很開。

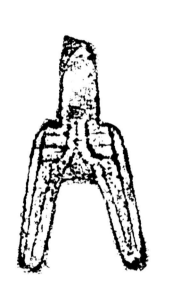

6.7g
（藺）

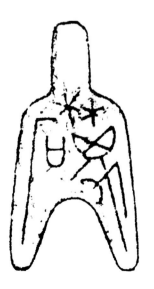

7.1g
（离石）
（珍 29）

三孔布

三孔布：
面文：宋子 背文：十二朱. 范頭：一
通體長 55mm. 寬 28mm. 重 :6.8g.
1983 年山西 朔縣出土。(珍 30)

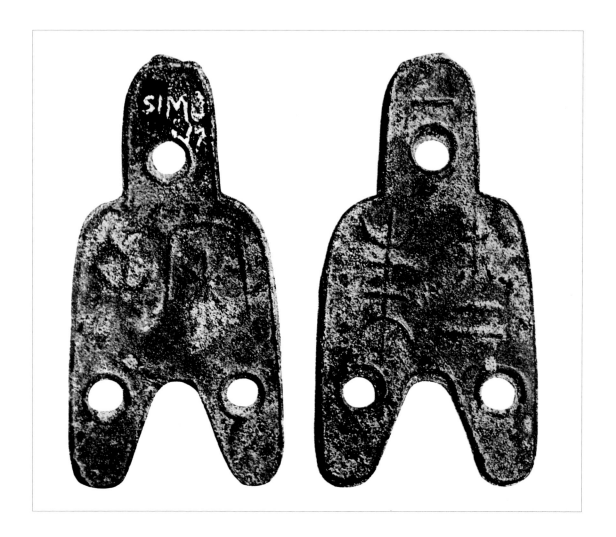

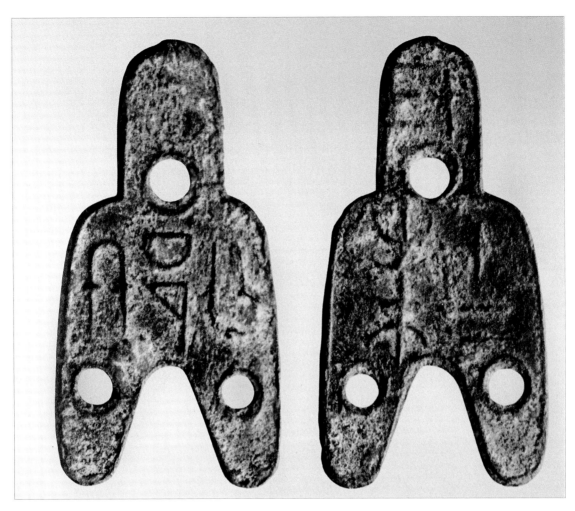

面文：亡邹（無終）．背文：十二朱．
笵頭：十三
通體長：54mm．寬：28mm．重：7.3g.
1986 年山西襄汾縣出土。（珍 31）

　　圓足布中，有一種有帶孔的，並在布首和兩足上各開
一個圓孔，俗稱「三孔布」。這種布的鑄造地有安陽、魯
陽、上專、下專、上苑、北九門、阿等。除了三孔以外，
背面也有特點，布背面有「一兩」二字，小布有「十二朱」
三字，因此三孔布在中國貨幣史上有其特殊的重要性。它
是最早的「朱、兩」貨幣；而朱、兩是秦國所用的貨幣單
位，所以有人認爲它可能是秦國的貨幣，近年來有人提出
是趙國或中山國的貨幣。我個人則傾向是中山國的貨幣，
原因如下：

一、就時代背景上說：

中山國在戰國中期是一個僅次於七雄的諸侯國，建於春秋，是白狄族中的一支，稱為鮮虞。原在河北正定東北一帶，戰國初期建都於願（今河北定縣），西元前 406 年被魏國所滅。二十六年後，於 380 年前後復國，遷都靈壽（今河北平山縣東北）；從中山復國時算起，迄於西元前 296 年被趙所滅，經歷了八十四年歷史。根據平山墓銘文考証，中山國共傳七代，即文公、武公、桓公、成公、王譽、嗣子、尚等。在這七代國君中，鼎盛時期是成公和王譽時期，大約是西元前 350～310 年，這段時期中山國的國力、經濟力和鄰近的趙、燕、齊不相上下。在 323 年中山與魏、韓、趙、燕一起參加了「五國相王」。從這一年起，中山開始稱王，稱王之後就要鑄行本國貨幣，這在戰國時期是很正常的事。1979 年在河北平山縣三汲公社的靈壽城址中發現了大量的「成白」刀幣實物。這一出土推翻了過去認為「成白」是趙幣之說，而且証明了中山國的確有自己的貨幣。中山國和其他中原國家一樣，不僅有刀幣，恐怕還有布幣，那就是「三孔布」。

二、就鑄幣形制上說：

「三孔布」樣式、大小、輕重都和趙國的圓足布相似，只是在布首和兩足上各開一個孔。即然能仿趙的刀幣，又何嘗不能仿布幣呢？中山國由外來民族所建，在殷切吸收中原文化過程時，當然是去蕪存精。趙直刀沒有銳角，顯然比燕、齊刀不易折斷；秦計重用「朱、兩」又比其他國家的釿、守計重方式簡易方便。中山國要鑄幣理所當然要用最合乎當時方便又科學的幣式，「三孔布」是綜合趙、秦等國幣制的優點而鑄造的；在從另一個角度來說，三孔布的樣式對本身已有圓足布的趙國，和有圓錢的秦國而言，它的樣式是嫌繁複多了，趙、秦鑄幣不需要由「簡」入「繁」。

三、幣面文字上說：

「三孔布」上的文字和平山墓出土的銅器銘文風格基本一致，文字篆寫形體瘦長而剛勁有力。我們把出土的銅方壺銘文拓片和

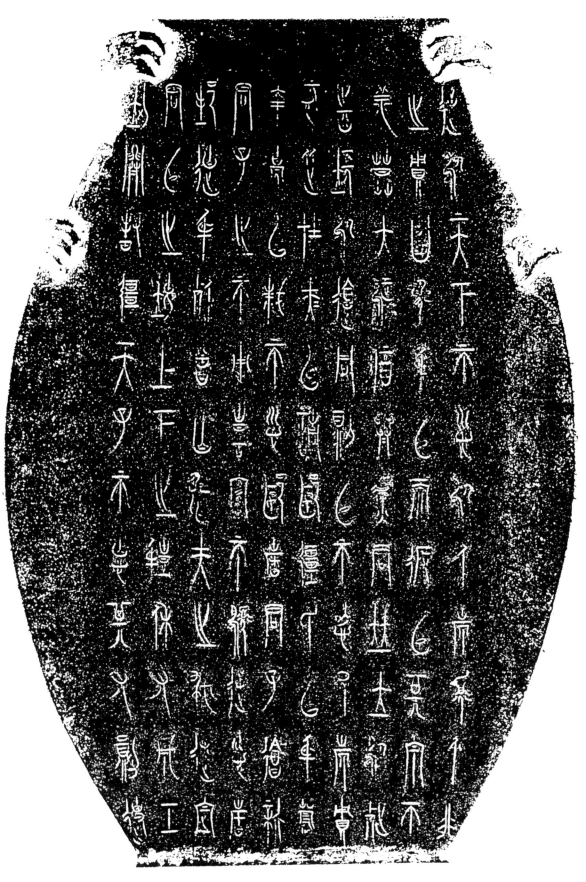

三孔布錢幣上的銘文一拓片。銅方壺上的銘文拓片。

三孔布拓片放在一起觀看，就可一目瞭然的發現它們兩者間有許多雷同之處。

四、就幣面紀地上說：

從目前所發現的「三孔布」，它的面文上，紀地文字絕大多數地望在中山國境內。

如：「家陽」，今河北南和縣。「北九門」，今河北藁城縣。「上專」，今河北深縣。「下專」，今河北晉縣。

「南行唐」，今河北蔚縣之東。「妬邑」，今河北獲鹿縣。「郎與」今山西和順縣。「上、下邔陽」（上、下曲陽），今河北寧晉縣。

在紀元前 296 年以前，這些地望多屬中山國境內。

五、就幣值計「朱、兩」上說：

「三孔布」背面上有「一兩」二字，小布有「十二朱」三字，這一點曾被認為是秦國的鑄幣，這是錯誤的。秦從立國鑄幣以來一直未離開過圓形樣式的圜錢，使用最久鑄量最大的是「半兩」圜錢。這幣面上「半兩」二字是名稱？還是指重量呢？以前我們從未懷疑過它，因為史書上載：「其重如其文」。但近年來出土大量秦半兩錢，發現很少有「其重如其文」的半兩錢，即使是同地同一窖出土的半兩錢也是大小輕重不一。所以我們漸漸相信秦「半兩」是名稱，而不是計重；在整個秦朝貨幣演變歷史中，是多次想將「半兩」銅鑄幣鑄成名符其實的半兩錢。但因戰爭頻繁的時代，通貨變化太大，各國幣制繁複不一，不是單單一個秦國就能堅持自己幣制的穩定，也只能隨當時經濟浪潮而起伏，行半兩其重如其文的時間就不可能持續太久，最終還是退回原始落後的交易方式，就是不論何種銅幣都得經過秤重這方式來交易，幣面上紀值文字已經不重要了，秦「半兩」亦是如此。

中山國的三孔布為什麼要鑄上「朱、兩」呢？這也是人性相同的行為；一開始鑄幣，為取得的信用，勢必「其重如其文」才能擠入市場，不如此作業怎能和趙、燕、齊等這些鄰國並駕

其驅呢？朱、兩重量單位也隨秦的勢力東漸，而被東方國家所接受，何況中山國原本就沒有自己的幣制，使用秦制也就沒有什奇怪了。另外，三孔布雖存世稀少，不論是學術考古或私人收藏，都不曾聽說此幣得自秦地。（參閱：楊科《也說三孔布的國別和時代‧文物》1979 年 1 期《河北省平山縣戰國時期中山國墓發掘簡報》）

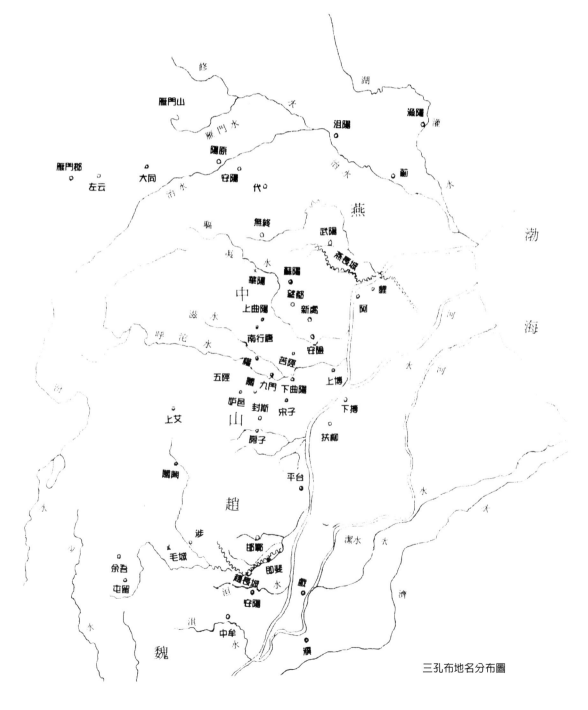

三孔布地名分布圖

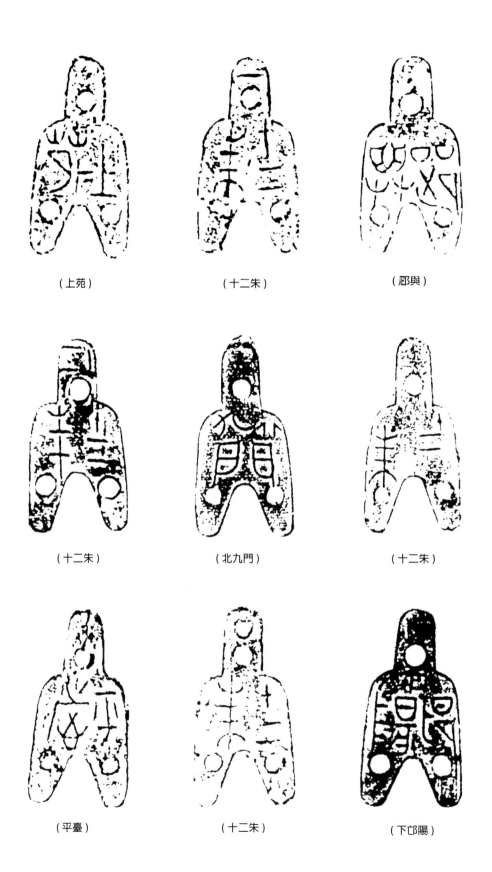

（上苑）　　　　　　　（十二朱）　　　　　　　（邔與）

（十二朱）　　　　　　（北九門）　　　　　　　（十二朱）

（平臺）　　　　　　　（十二朱）　　　　　　　（下邔陽）

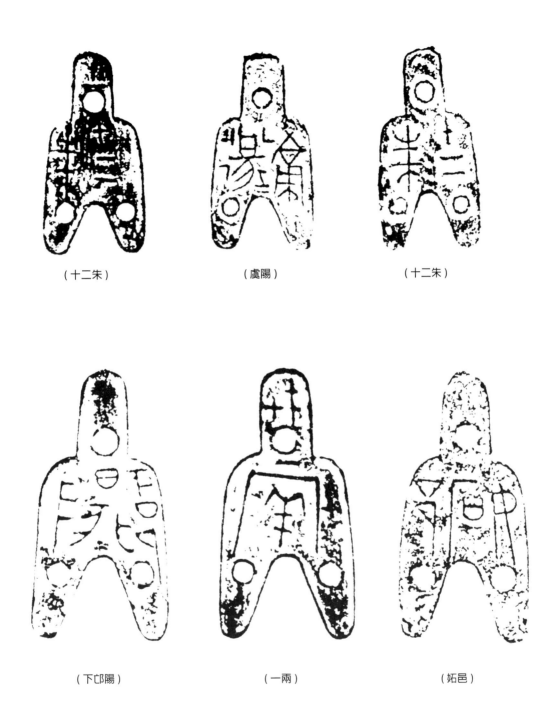

（十二朱）　　　　　（虞陽）　　　　　（十二朱）

（下屯陽）　　　　　（一兩）　　　　　（姤邑）

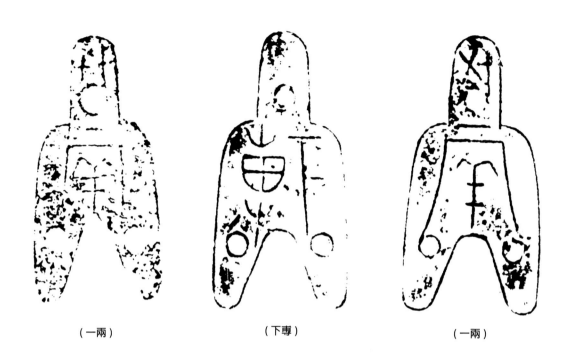

（一兩）　　　　　　　　（下專）　　　　　　　　（一兩）

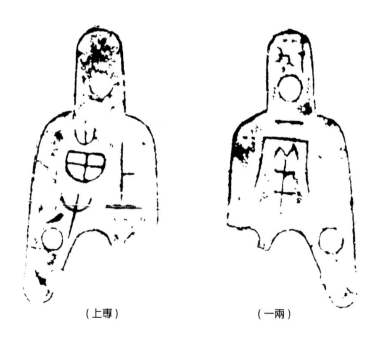

（上專）　　　　　　　　（一兩）

以上的觀點，筆者甚爲同感：在任何論點需要有實際證據來支持的原則下，我於 99 年 5 月作一次中山國遺址踏察。茲將個人對中山國鑄幣技術的推測及見述如下：

一、從平山墓出土的青銅器來看，中山國的冶鑄技術已相當精湛，偌大的「中」字戟帳頭，不僅保留了游牧民族生活特性，也反映當時中山國行旅間龐大的隊伍陣容。另外在帳篷間的銅接頭處，又可發現到相當進步又科學的發明，它一個接頭處有兩個或三個支架口，可納不同角度的支架，這種靈活性的設計，能使帳幕作多用途的改變，可大可小，也可連結數個作大場合用途，這樣科學的設計，即使當今我們所使用的帳蓬也還沒這樣的完善。

二、銅扁壺製作粗中有細，扁壺樣式保留游牧民族特有的粗獷式樣，但在壺身上卻鑄上陰刻銘文，銘文字字纖細修長，仿若文質彬彬書生所寫，他們吸收中原文化精髓上是相當深入和成功的。

　　其他出土精美物件，更是難以一一陳述，僅從以上二點就可發現中山國民族特性，他們即能保持其固有的游牧傳統，又能吸收細膩的中原文化，進而開創發明實用的新器物，這樣的民族特性，我們相信這稀有三孔布是出自這靈巧的民族。

　　我們可能沒注意到三孔布有幾個重大發明，其一、是它的「三孔」設計，三孔布本身是吸收趙圓足布沒有稜角就不易碰斷的優點，但如果數量多了，圓足布也是不易攜帶的。所以在圓足布三個對角線上，各注一個孔，即可用繩索由孔穿入綑紮，相當結實，可疊成數枚，或數十枚爲一綑，便於攜帶遠行。如：一綑爲十枚，十綑爲百枚。如此計算，大額交易一目瞭然，這又何等的方便呢？其二、是三孔布「邊廓」的鑄造，在整個幣身週圍及三孔的外緣，都加鑄成一道邊廓，以增加幣身的抗壓和耐磨，使其幣不易折損，字口常保清晰，這是何等的聰慧！我們歌頌漢武帝「三官五銖」重大發明是因爲有「邊廓」的設計；殊不知中山國的三孔布早在武帝之前二百多年時，就已想到這個問題。今日世界各國金屬鑄幣，莫不以加鑄邊廓作爲耐用手段的。

　　從目前已挖掘的王響墓來看，沒有「三孔布」實物出土報告，這是最大遺憾，但不能因爲一個陵墓中沒有三孔布，就否定三孔布存在事實，因爲王響時可能還在使用趙式的「成白」直刀。何況，同址中尚有兩座王陵未挖掘，我們仍然期待這兩座陵墓有三孔布出土的消息，以解這貨幣史懸案。

中山國 宮中行樂棋

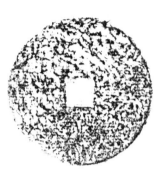

39.5mm　29.5g
（第四）
（珍 32）

36mm　31.2g
（第十五）
（珍 33）

36mm　27.5g
（第十七）
（珍 34）

中山國故址：
在今河北平山縣靈壽村三汲公社一帶，是西元前四世紀白狄支系鮮虞族所建立的國家，原建都於河北定縣，後來為魏所滅。西元前 380 年復國後遷於現址；在此地建國達 84 年之久，後被趙所吞滅。

中山國外城的護城河。

中山國王響的陵墓，在 1974 年挖掘時，出土了大量精美青銅器，震驚了考古界。

地表上遺留的繩紋缶陶片。

方足布

　　方足布是最通行的一種布幣，形狀有大、小兩種，比尖足布要小。大型有三種：「安陽」「邨」「封邑」等，重約 9.1 ～ 14 克之間，小方足布每枚平均只有 5 ～ 6 克重，銅質比尖足布堅韌，面文為一豎直線，文字分左右，面文多為地名，主要出土於今之山西、河北、河南、內蒙、遼寧等地，背文三豎直線，大體上也是屬於趙、魏、韓三國，有少數屬於燕國地名的。

　　隨著經濟快速發展，使用方足布範圍逐漸擴大，方足布成了戰國時期主流貨幣，依銘文區分約在 160 種左右。除燕國方足布形制可確定外，其他有許多文字考據、地名確認等，實在是一大難題。至於方足布使用年代問題？我們可參閱黃錫全《先秦貨幣通論》171 頁「趙國的安陽布、邨（代）布，無疑是趙擁有這兩地後所鑄。趙擁有西安陽，有內蒙古包頭出土安陽石范為証，其時在趙

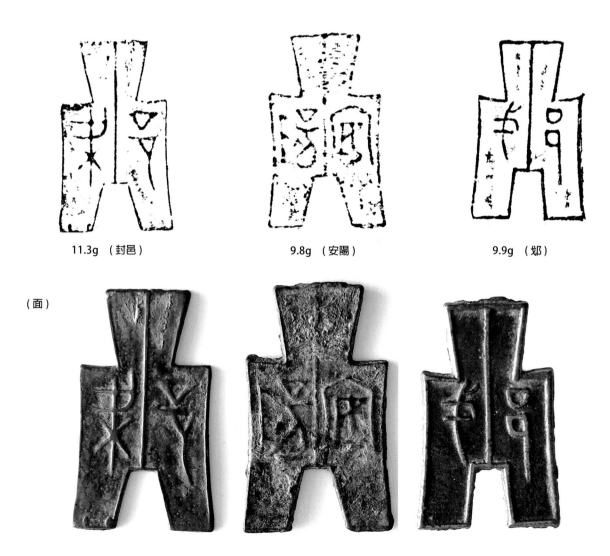

11.3g（封邑）　　　　　　　9.8g（安陽）　　　　　　　9.9g（邨）

（面）

惠王二十四年（公元前 275 年）。趙有東安陽在趙惠王三年（前 296 年）『封長子章為代安陽君』時，有內蒙古涼城出土鐵范為証。可知趙鑄方足布不會遲於公元前 296 年。魏國的『梁』布當在魏遷大梁以後所鑄，其期在魏惠王九年（公元前 361 年）。韓哀侯滅鄭遷都新鄭，為公元前 375 年，郣、洀，如是鄭國之地、應在新鄭或鄭州附近，其方足布應是韓滅鄭後所鑄。兩周（周王室）布應在周分裂（公元前 367 年）以後所鑄。燕國布幣大致始鑄於遷至遼東以前，或者趙滅中山以前，始鑄年代可能與背文出現有『左』『右』字的弧背明刀同時或者稍晚。因此，小方足布的鑄行年代，其上限可推定在公元前 370 年前後，其下限則應定在秦滅諸國統一之時。也就是說，隨著秦東向，東方諸國相繼陷落，幣制隨之改為秦制，小方足布也就逐漸為秦之方孔圓錢所取代。」

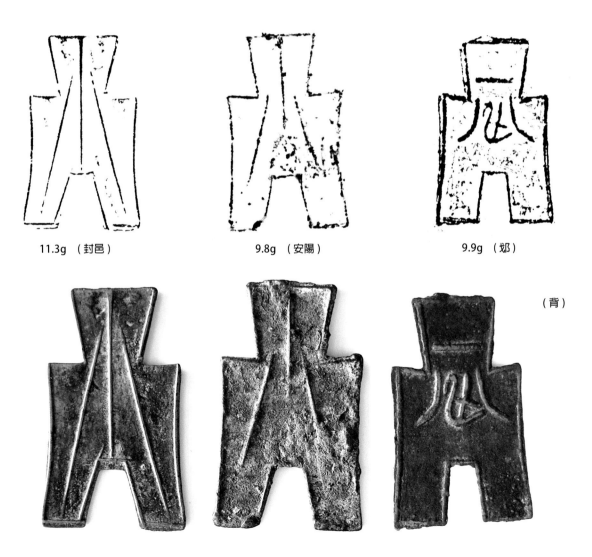

11.3g　（封邑）　　　　　　　9.8g　（安陽）　　　　　　　9.9g　（邻）

（背）

貝地,可讀:貝丘。《漢書·地理志》:清河郡「貝丘」其地在今山東臨清縣南,戰國屬趙。

早年「䚖」字被解釋為「財」字,所以財政部或銀行等單位,都喜歡用這枚方足布圖案來作標記。

韓國地域的方足布：

可推定的有：屯留、平陽、霝、於疌、唐是、邠（汾）、郹子、
觅子、郹水、宜陽、陽城、綸氏、尹邑、尹陽、豐、都、宅陽、郲、
平氏、四（氾）陽、郘、庀陽、駘、洧、馬雍等約 26 種左右。

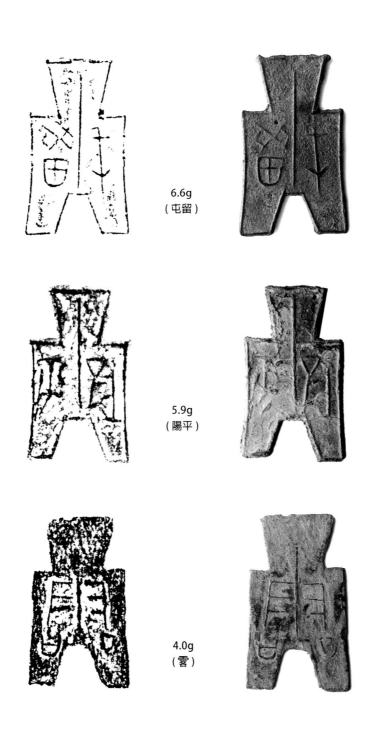

6.6g
（屯留）

5.9g
（陽平）

4.0g
（霝）

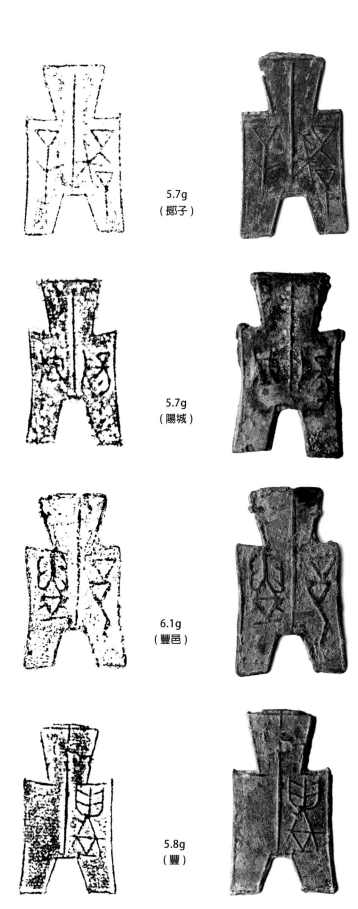

5.7g
（郖子）

5.7g
（陽城）

6.1g
（豐邑）

5.8g
（豐）

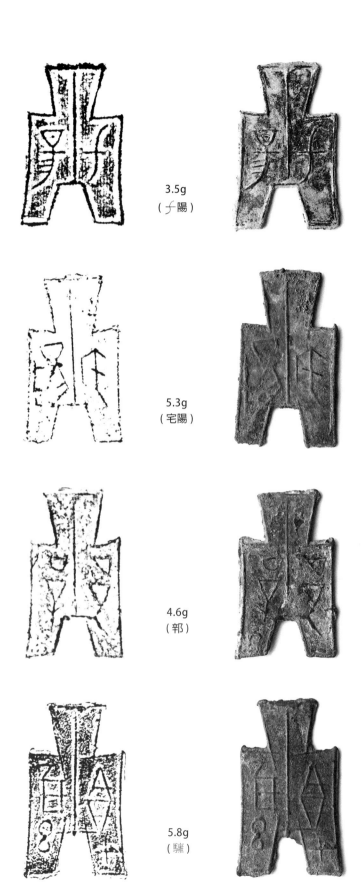

3.5g
（亍陽）

5.3g
（宅陽）

4.6g
（郚）

5.8g
（驫）

趙國地域的方足布：

可推定的有：藺、中都、同是、北屈、北箕、宄（北箕）、陽邑、平陽、平陰、平邑、襄垣、榆即（次）、鄳、祁、邸、鄥、淦（陰）、平于（舒）、壽陰、涅、郜、栾城、中邑、氐金（陰）、邸、氐也（地）、星陽、平占（列）、

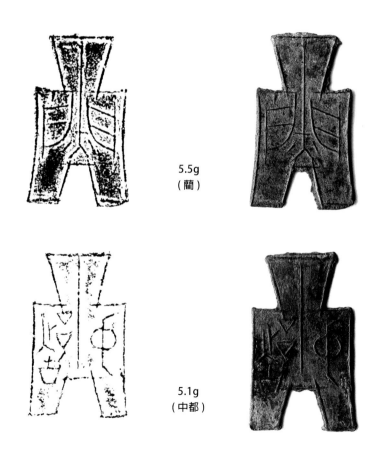

5.5g
（藺）

5.1g
（中都）

人也（地）、沙乇（澤）、邬邑（郇）、**朿**（棘）、貪（蒲）、
鄗、安陽、武邑、邽（代）、中亭、开陽（沃陽）、牙（原）
陽、壞陰、貝也、貝土、耶、平偖（原）、干（杆）關、
㫿安等 47 種左右。

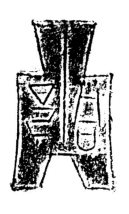

6.1g
（同是）

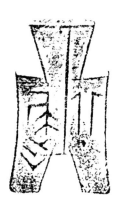

5.9g
（北屈）

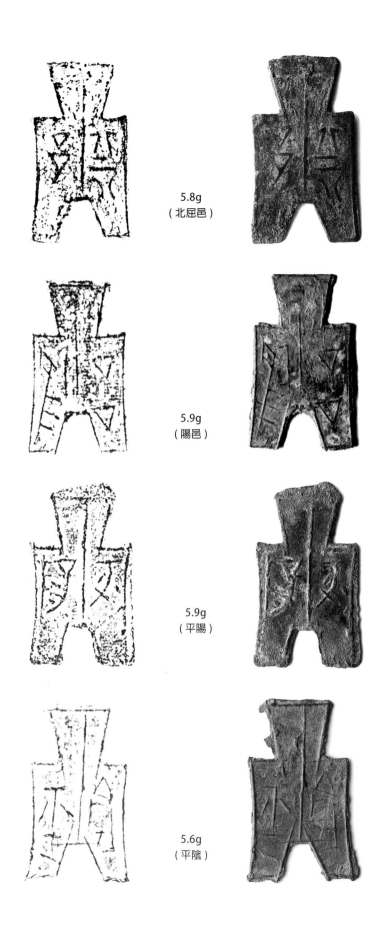

5.8g
（北屈邑）

5.9g
（陽邑）

5.9g
（平陽）

5.6g
（平陰）

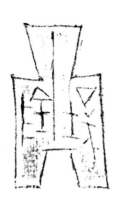

5.8g
（壤陰）

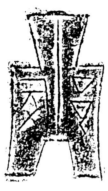

4.9g
（螹）

5.0g
（襄垣）

5.9g
（涅）

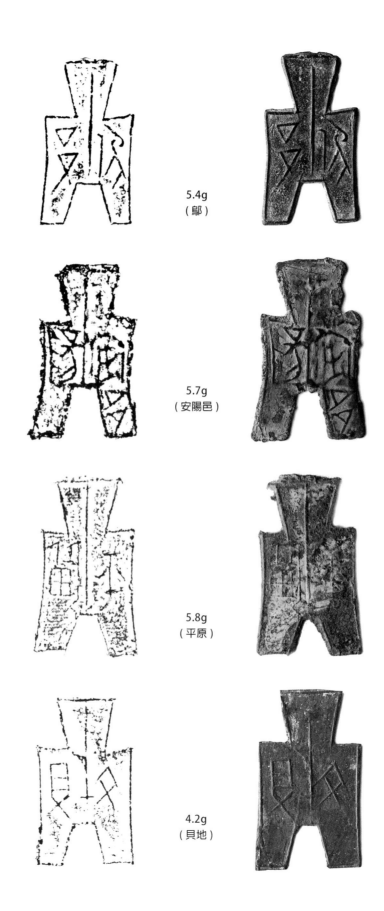

5.4g
（鄔）

5.7g
（安陽邑）

5.8g
（平原）

4.2g
（貝地）

魏國地域的方足布：

可推定的有：封邑、莆子、郢氏、奇氏、高都、王勻（垣）、土勻（軍）、王官、盧陽、郳（耿）、皮氏、秝（和）、處（咎）奴、平陽、陽也（地）、酉（酸）棗、安陽、郎、梁、邔、昊陽、成陽、毋（貫）也（地）、佮句、甲父、郲等 26 種左右。

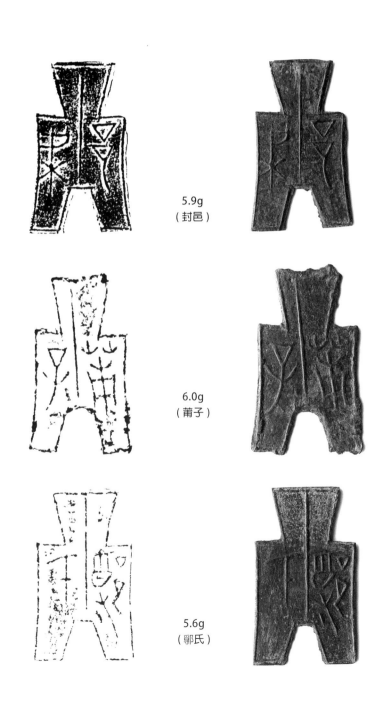

5.9g
（封邑）

6.0g
（莆子）

5.6g
（郢氏）

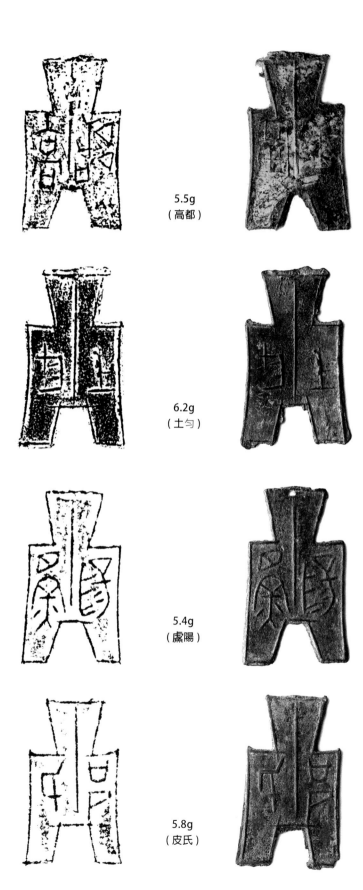

5.5g
（高都）

6.2g
（土匀）

5.4g
（虞陽）

5.8g
（皮氏）

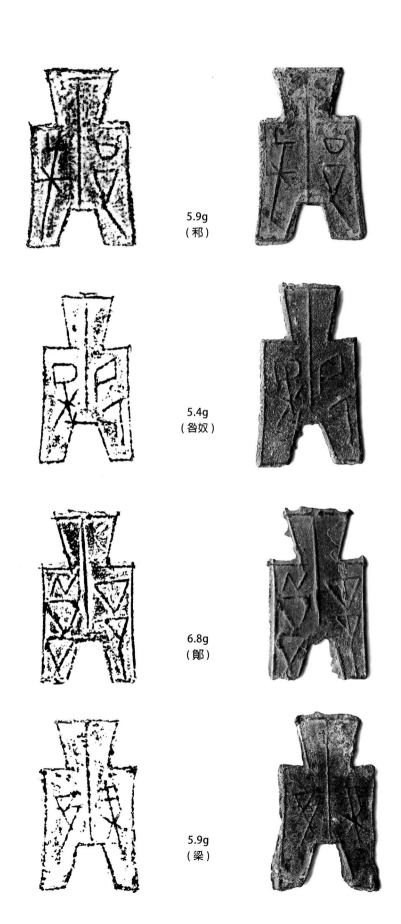

5.9g
（秄）

5.4g
（咎奴）

6.8g
（郎）

5.9g
（梁）

周王室地域的方足布：

可推定有：東周、北尋、尾尋、尋土、尸氏、王城、留、巨（渠）子等8種左右。

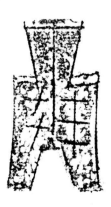

5.4g
（王城）

燕國地域的方足布：

可推定有：陽安、平陰、平陽、悅昌、韓刀、宜平、纕平、辛城……等10種左右。燕原本是使用刀幣，小方足布大概是西元前第三世紀中趙軍攻打燕軍的時後所鑄的。如涿、益昌（今釋悅昌）、纕坪、坪陰、陽安。安陽此布另一種說法為燕下都仿安陽布而鑄，故乃稱「安陽」。這些布的形制的確同其它小方足布有差別，也比較小樣。

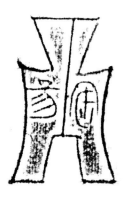

5.9g
（安陽．背：左）

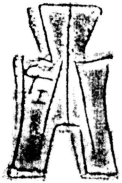

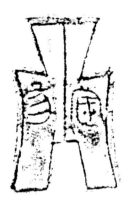

6.5g
（安陽．背：右）

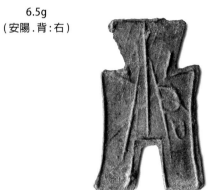

4.3g
（陰平）

4.1g
（陰平）

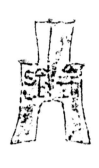 

4.3g
（陰平）

7.8g
（陰平）

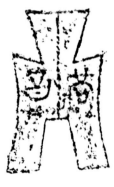 

6.2g
（悅昌）

5.7g
（襄平．背：左）

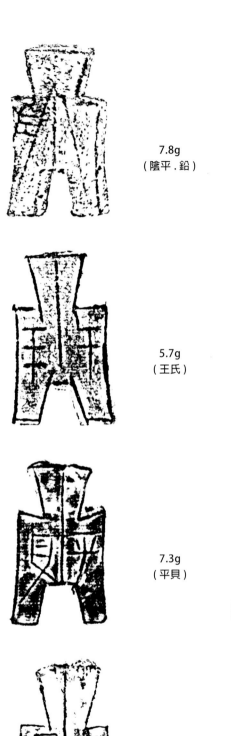

7.8g
（陰平．鉛）

5.7g
（王氏）

7.3g
（平貝）

4.3g
（木貝）

燕國安陽布的錢範。(嘉德 06 年秋季拍賣品)

釿布 今釋

　　「釿」是一種貨幣價值名稱。它是由於金屬工具「青銅斤」，被普遍地用來進行交換，因此，在金屬鑄幣時期，貨幣單位的重量書作「釿」。它的重量在春秋時，一釿約 30 ～ 35 克左右，在戰國時約 29 克上下。釿布到了戰國中期，在晉地區的魏境內，由於商業的發達，出現，二釿，一釿，半釿三等制的「平首釿布」。這幣面上所標示的「釿」只是價值標示，並非「重如其文」。

　　平首釿布，所見的地名有「安邑」「陰晉」「梁」「言陽」「蒲阪」「共」「盧氏」「陝」（陝）「𠭯」「朱」「高安」等等。「二釿布」大致在 22 ～ 30 克之間，「一釿布」以 15 克左右爲多見，「半釿布」以 7 ～ 8 克爲多見。

　　平首釿布，有圓肩和方肩兩種形式，但並無一定的規律性，如：「言陽二釿」爲圓肩，其一釿布及半釿布則爲方肩。魏釿布中的「陰安」布（今河南清豐縣北），似屬從三等制到二等制的過渡，「陰安」布並不標明「釿」，卻有「二」及「一」的標記，顯然是「二釿」「一釿」的簡略。

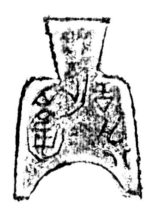

7.7g
（安邑半釿）

安邑釿：

　　有安邑二釿、安邑一釿、安邑半釿三種，圓肩，一釿、二釿背鑄有「安」字陽文。二釿重約在 28 克上下，但是筆者這枚竟達 52.1 克，幾乎二倍之重！一釿重約 12.5 ～ 16 克，半釿多在 7 克上下。安邑爲魏國早期都城，在今山西夏縣西北 15 里。安邑釿鑄行時間說法不一，有西元前 395 ～ 339 年及西元前 395 ～ 362 年等說法。

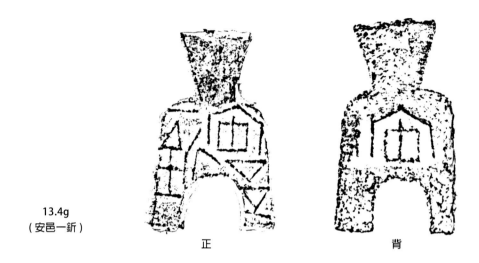

13.4g
（安邑一釿）

正　　　　　　　背

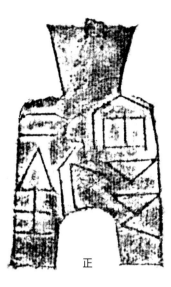

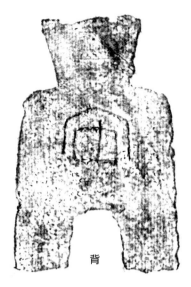

正　　　　背

52.1g
（安邑二釿）

梁釿：

有四種，均圓肩，「梁半尚（幣）二百尚（當）乎」「梁正尚（幣）百尚（當）乎」「梁夸釿百尚（當）乎」「梁夸釿五十尚（當）乎」。

「當乎布」的釋文：

「當乎布」是魏國遷都大梁以後所鑄的，即西元前 362 年以後。共有兩套，對這二套「當乎布」的釋文古來即有多種解釋，但從河北中山國墓發現的金文中證實「全」可以讀作「百」，這就解決了四種梁釿布的讀法。

背文，「参」字應釋作「夸」，指魏梁所鑄的厚重，特大的釿布。

「乎」是先秦晉地區普通使用金屬重量單位，乎字依《辭海》：五指持物引取之日：乎，音：律。在幣面「乎」字是指重量之意。乎的實際重量大約在 1400 克左右。

「尚」字，黃錫全釋「幣」的意思。

以上釋文就可清楚明瞭的讀出這四種「當乎布」中的銘文：「梁半幣二百當一乎」「梁正幣一百當一乎」。「梁夸釿一百當一乎」「梁夸釿五十當一乎」。

6.5g
（梁半幣二百當一乎）

13.6g
（梁正幣一百當一乎）

13.0g
（梁夸釿一百當一寽）

20.3g
（梁夸釿五十當一寽）

正

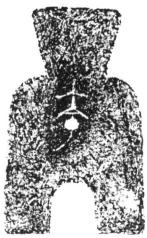

背

「五二十」今人一定認爲是「五二十」才對？其實只能釋讀：「五十」，那個「＝」只是戰國時期常用的「合文」符號。合文是戰國文字極爲特殊的簡化方式，借用兩個字合爲一體，外在形式有異，內在實質相同，安排上均有合文符號「＝」，切不可誤讀爲一字。（詳見：台灣大學徐富昌教授《戰國文字》第九講）用現代人用語習慣再簡易一點來說，例如：「瓩」是電力千瓦的意思，因合文所以讀：瓩，實質上還是千瓦之意。化學名稱：「羥」＝氧＋氫，也是合文。下列幾幅金文拓片，文字中有許多合文，當可近一步明暸合文之義。

鼎子孫其永寶用　　（五）鑄廿用鑄兹薄　　金昌州戎鼎廿鋪　　用倍王羞于挖孚戎　　（五）乘大車廿羊百利　　折首執儁孚車馬　　劍余其井師同從

（師同鼎銘文中，可找到周金石文中的數字，五、五十不難辨識；「U」作廿，則較生疏，和我們現在使用的二十完全不同。）

毛公鼎銘文局部「王曰父」「王」
字下方有「=」合文符號。

散氏盤銘文右第一排「用天撲散邑迺
即散用田稽自瀗涉以南至于大……」
「稽」字下方就有合文符號「=」。

吳昌碩，臨石鼓文，書帖中「＝」
合文符號甚多。

伯先父鬲銘文最後五字「……子
孫永寶用」，其中「子」字下就
有「＝」合文。

禾釿：

有禾半釿、禾一釿、禾二釿三種。禾二釿爲圓肩，一釿、半釿爲方肩，「禾」字作「朱」，倒書，過去釋：「梁」……。黃錫全釋「禾」主張與「元」通，即元里。其地在今陝西澄城南，戰國前期屬魏，其後屬秦。鑄期在西元前 354 年之前。

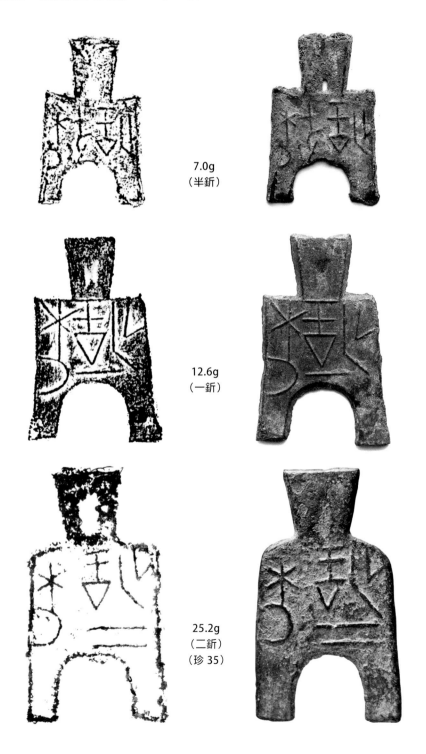

7.0g
（半釿）

12.6g
（一釿）

25.2g
（二釿）
（珍 35）

言陽：

布文倒書，舊釋：「晉陽」，裘錫圭釋：「圜陽」，即《漢書．地理志》上郡圜陽，戰國時前期屬魏，其地在今陝西神木。據《史記．魏世家》：「魏盡入上郡于秦」，時在魏襄王七年（西元前312年）。圜陽入秦後又轉入趙。趙「言陽」直刀幣是晚於「言陽」釿布的。

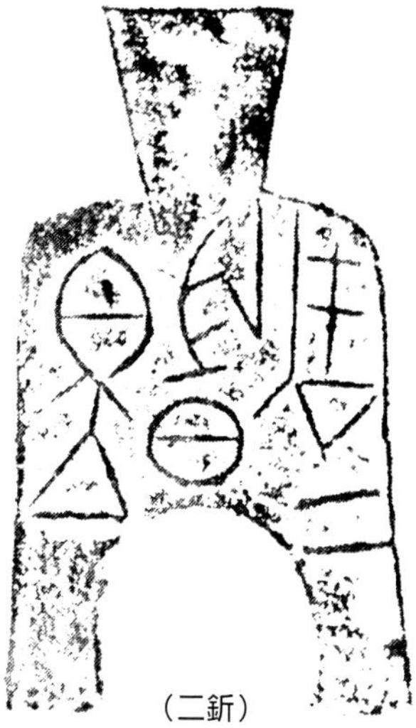

（二釿）

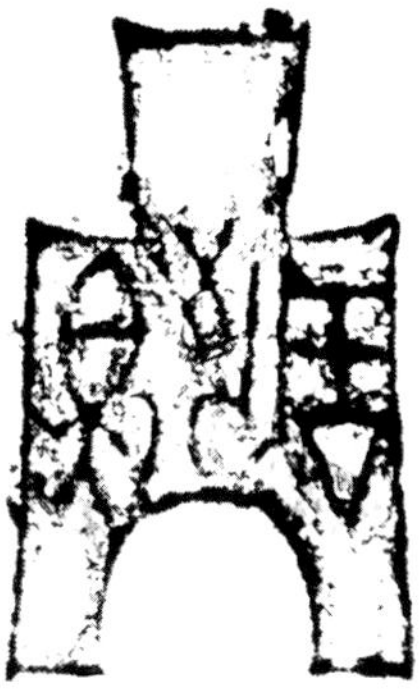

7.3g
（半釿）
（珍 36）

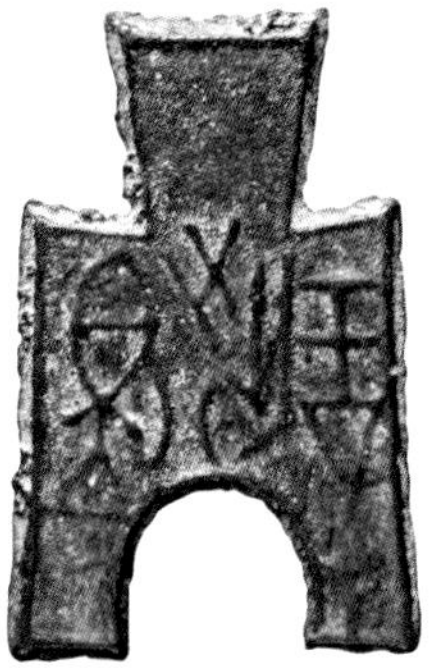

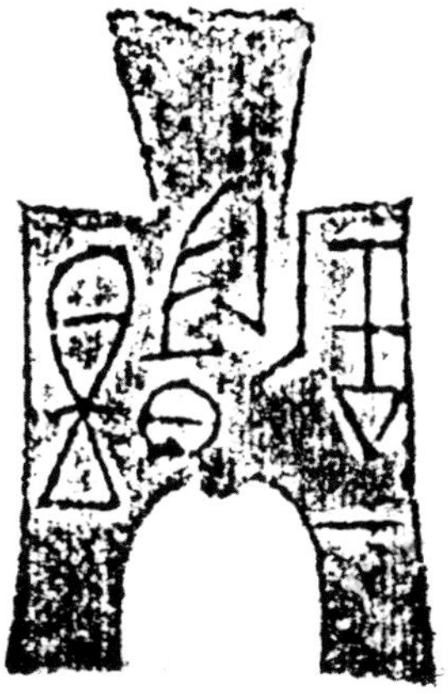

12.5g
（一釿）

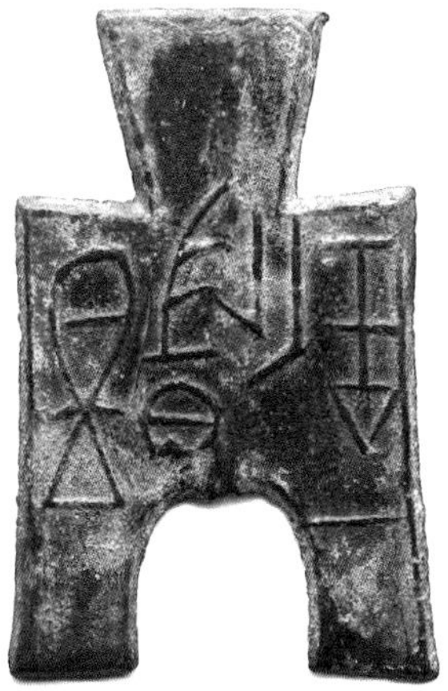

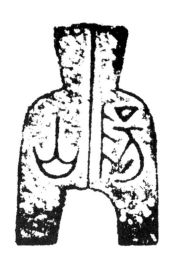

山陽：

　　有大、中、小三種，面文只有「山陽」二字。二字之間有一豎線，圓肩。山陽見《戰國策・楚策一》「梁山陽郡」漢時屬河內郡，在今河南焦作，戰國屬魏。

陰安：

　　此布有大、小兩種，圓肩，上有「陰安」二字。大者重13克上下，小者重6.5克左右，可見是一釿、半釿布。銘文過去釋：「安陰」，三孔布也有「安陰」地名，究竟何者正確？還可研究。此釿布在「陰」下方有「二」字，可能是「二釿」之省。

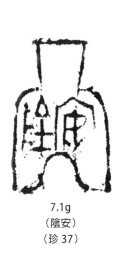

7.1g
（陰安）
（珍37）

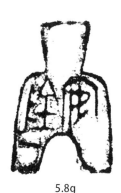

5.8g
（陰安一）
（珍38）

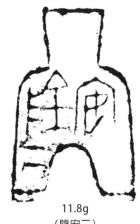

11.8g
（陰安二）
（珍39）

甫反：

甫反有一釿、半釿兩種，平肩。「甫反」讀：「蒲阪」或「蒲坂」。《史記·魏世家》襄王十六年（西元前 303）「秦拔我蒲阪、陰晉、封陵。……十七年，秦予我蒲阪」。其地在今陝西風陵渡北、山西永濟縣西南。

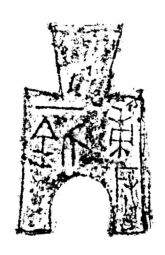

14.6g
（甫反一釿）

陝：

陝布均爲圓肩，有一釿、半釿兩種。「陝」字倒書，其字舊釋：「虞」，指山西平遙。張頷釋：「$\mathbb{陝}$」，讀：陝。《史記·秦始皇本紀》「使張儀代取陝，出其人與魏」。其地在今河南三門峽，戰國屬魏。

4.3g
（陝半釿）
（珍 41）

7.8g
（陝一釿）
（珍 40）

陰晉：

　　陰晉有一釿、半釿兩種，均為平肩。《史記‧秦本紀》：
惠文王六年（西元前 332），「魏納陰晉，陰晉更名寧晉」。
由此可知，陰晉布鑄行年代下限在西元前 332 年，其地先
屬魏，後屬秦，在今陝西華陰縣東。

6.8g
（陰晉半釿）

16.53g
（陰晉一釿）

毣一鈈：

僅見一鈈布一種，平肩，舊釋：「京」。今釋：「毣」，即牧字，在今河南汲縣，春秋屬衛，戰國屬魏。

14.1g
（毣一鈈）

高安一鈈：

僅見一鈈一種，平肩，文字倒書。《史記·趙世家》：成侯「四年，與秦戰高安」。高安在山西西南部河東郡，戰國前期屬魏，後屬趙。

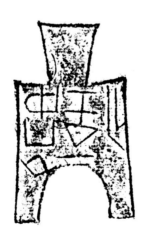

13.0g
（高安一鈈）

高半釿：

僅見半釿一種，平肩，「高」字正書，半釿二字倒書。高即郜，《左傳‧文公三年》「秦伯伐晉……取王官及郊也」之郊，即郜。戰國屬魏。

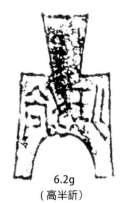

6.2g
（高半釿）

分布：

此布銘文「分布」二字倒書，平肩，首中有一孔，足尖趨於圓形，「分布」多讀「汾布」，當一釿使用。《戰國策‧魏策三》：「子能以汾北與我乎。」汾城在汾水北，故稱「汾北」。也可能讀「汾陂」那是山西汾水流域的汾陂，戰國時屬魏，後屬楚。

13.0g
（分布）

蘆氏：

僅見半釿一種，圓肩，文字倒書。蘆氏即今河南蘆氏縣，地處當時秦、韓、魏交界處。本屬韓，戰國前期一度屬魏。

共半釿：

僅半釿一種，圓肩，文字倒書。《戰國策・魏策三》：「河內之共，汲莫不危矣。」其地在今河南輝縣，戰國屬魏。

7.9g
（共半釿）
（珍43）

鄆氏半釿：

僅見半釿一種，圓肩，弧檔較淺，重近7克左右，舊釋：「鄆氏」，朱德熙釋讀：「端氏」。

（珍52）

垣釿：

僅一釿一種，平肩，圓首，首中有一孔。「垣釿」二字倒書。垣地見《史記‧秦本紀》昭襄王十五年（西元前 292 年），「大良造白起攻魏，取垣」，今山西垣曲一帶。

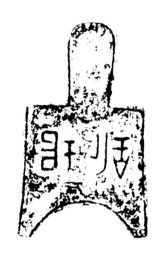

搿釿：

僅一釿一種「搿釿」二字倒書。舊釋：「虤金化」，何琳儀改釋「搿」讀「郂」音：「隔」。「陳留鄉」今河南開封東南，戰國屬魏。

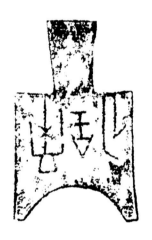

窜二釿：

目前僅今二釿一種，圓肩，倒書。「窜」即「垂」，《戰國策‧魏策》：「邊城盡拔，文台墜，垂都焚。」其地今山東曹縣北三十里。

多樣的
楚幣

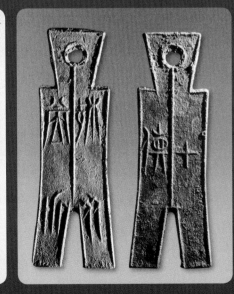

多樣的楚幣

楚國在周代初居今河南省西南部之丹水流域，西周末年已漸強盛，至東周初楚益奮發，北侵中原。楚莊王伐戎，曾將大軍陳於周王畿的邊境，耀武揚威的問周傳國之鼎的大小輕重，這是後世稱「問鼎中原」的由來。

城濮之役楚受挫後，勢始稍殺，然其地已為春秋第一大國。楚都郢（今湖北江陵縣），後遷都於鄀（今湖北宜城縣），其勢力範圍約占今湖北省全部及河南省之南部、陝西省之東南端，四川省之東端，江西及江蘇、安徽三省一部份之地，在戰國七雄中楚國疆域最廣。

在楚悼王時，魏國名士吳起來歸，楚王重用之，實行變法，明審法令，捐不急之官，廢公族之疏遠者，以撫養戰鬥之士，楚國因此強盛，南平百越，北併陳、蔡，卻三晉，西伐秦。悼王死，吳起亦為貴族所殺。

秦併六國時，亦對楚國用兵最多，至秦始皇二十三年王翦破楚，殺其將項燕，至二十四年才滅楚。秦統一六國後楚人仍然不服，故當時有「楚雖三戶，亡秦必楚」之說。

楚都紀南城：
位於湖北江陵縣，因在紀山之南，故名紀南，是春秋戰國時期楚國的都城，當時稱「郢」。據文獻記載，西元前 689 年楚文王「始都郢」，至 278 年被秦國白起所毀。楚襄王遷都於陳（今河南淮陽）楚國共有二十位王在此建都，長達 411 年之久。圖上方高臺為「釣諸候臺」，楚莊王曾在此臺會諸候，並被推舉為盟主。

紀南城城牆：
現在仍然綿綿聳立於原址上，牆高達 12 丈，城東西長 4.5 公里，南北 3.5 公里，總面積達 30 平方公里；外有古河道及水門，並在西牆處找到了三孔城門通道等遺址。

金雞墩：
位於湖北宜城縣，曾是楚國都城，在西元前 506 年左右，由於東邊的吳國興起，與晉國連合，從背後威脅楚國。吳任用伍子胥打敗楚軍，並佔楚都郢；楚北遷於都（今宜城縣），今故城已蕩然無存，僅城牆隱約可見，晒金坡地名猶在，其餘都己成田地，只有聳立於田埂中的「金雞墩」比較明顯，可能是一處楚王陵墓。

章華臺：

為楚靈王六年(西元前535年)修建的離宮，又名「章華宮」。相傳「臺高十丈，宮室亭榭，極其壯麗」。因楚靈王生性癖好細腰，章華宮修成後，選了不少細腰美人進住，因此章華宮又叫「細腰宮」。宮人求媚於王，少食忍餓，以求細腰，甚至有餓死不悔者。後章華宮毀於兵燹，元代在章華臺舊址上建章華寺，清代重修。

江陵天星觀出土的虎座鳥架鼓。

江陵出土的楚簡。

江陵天星觀出土的大鵬踏虎木彫。

江陵馬山的木俑，可端倪當時楚人的裝扮。

東湖：
在武昌東郊，湖岸曲折，港灣多姿，九十九灣，有「江楚名秀」之稱，春秋楚莊王平定斗越椒的戰場。此地現建有楚城、楚市、楚天臺、離騷碑……等。

楚天臺：
跟據楚國大型王宮而建，堪稱春秋之天下第一而來。

楚城

離騷碑（屈原塑像）

楚國西元前 253 年秦佔領了魏，兵
臨陳都一百六十里，為此，楚去陳，
順潁水而下，遷都巨陽，過了十二年
又東遷壽春（今安徽壽縣），223 年
秦將王翦蒙武破壽春，虜荊王楚亡。
這古楚國都壽縣，建造堅固異常，歷
千年經多次水患而無恙，歷代雖有修
整，但大體仍保持原貌，今尚留四城
門；東「濱陽門」，西「定湖門」，
南「通淝門」，北「清雅門」。

古採銅礦和冶煉遺址：
今安徽懷寧縣茶嶺鎮范塘村村民林華榮住處，因歷三次塌陷，而發現此地原為古代礦冶處。有可能為楚時即山採煉銅之處。

春秋戰國時期的楚幣：

楚銅幣（蟻鼻錢、鬼臉錢）：

　　南方的楚國使用一種橢圓形類似面具的小銅幣，早期形制大，有重達八克上下，晚期輕小，僅有一克上下，差距頗大。這種小銅幣上有各種文字：「兒」「棗」「行」「君」「匋」「金」「忻」等字。世俗稱這些錢為「蟻鼻錢」「鬼臉錢」。

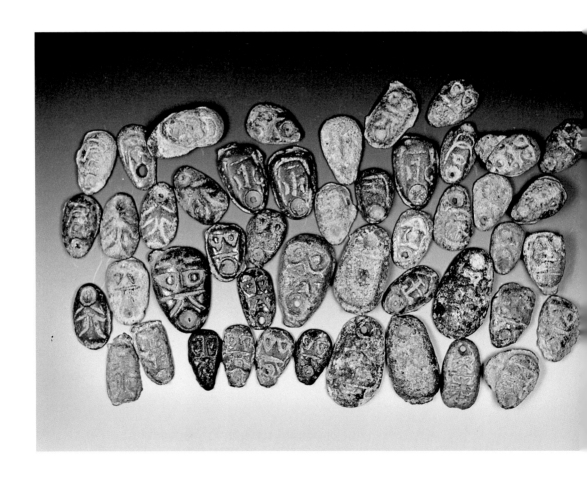

銳角布：

　　明顯特徵是在布首兩端各有一突出尖角，有大型小型，平檔及尖檔等區別。大型有：「百涅」「舟百涅」「盧氏百涅」等。近年因中山國考古發現幣面文「全」字，讀「百」，所以舊釋文被改寫了。

　　舊釋：「涅金」。今釋：「百涅」，意指貨幣流通。

　　舊釋：「洮涅金」。今釋：「舟百涅」。「舟」古國名，其地在河南新鄭附近。

　　舊釋：「盧氏涅金」。今釋：「盧氏百涅」。盧氏地名，即河南盧氏。

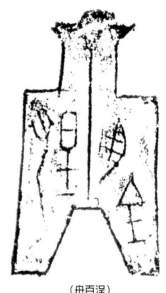

（舟百涅）

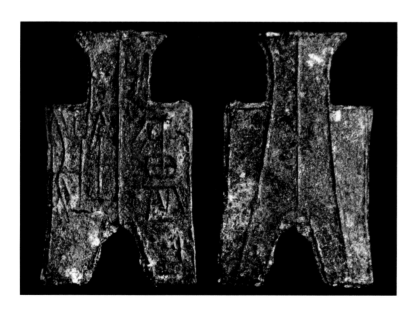

（盧氏百涅）
（珍 44）

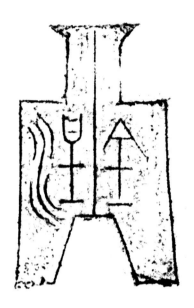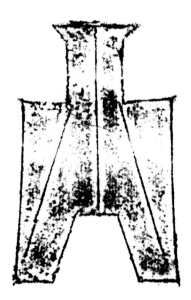

16.3g
（百涅）

小型銳角布：

有兩種，一、「𨳊」舊釋「垂」，今釋「𨳊」（今河南汲縣）。二、「𠫔」舊釋「公」，今釋「𠫔」，𠫔字或在厶形上下內外加有筆劃，背面有數字及其它符號。鄭韓故城內有這種𠫔字布的陶范出土。

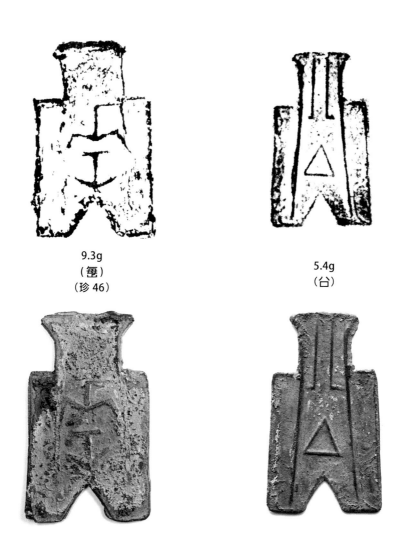

9.3g
（𨳊）
（珍 46）

5.4g
（𠫔）

栒比堂忻（殊布當十化）：

舊釋：「殊布當十化」，今釋：「栒比堂忻」，文字古怪難懂，重約三十克上下，鑄期約在戰國末年。背面的「十貨」黃釋：「七偵」。

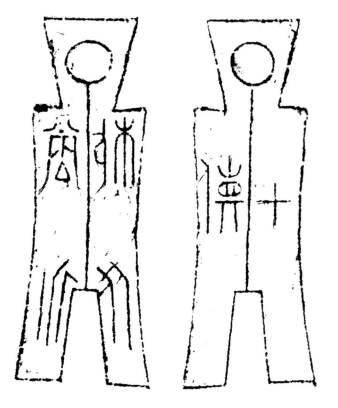

29.3g
（珍 45）

四布當忻：

舊釋：「四布當忻」，今釋：「四比（幣）當釿」。

這種小布往往是兩枚連在一起，而且是雙足相連，俗稱
「連布」，顯然是四枚小的抵一枚大的「枙堂比忻」。

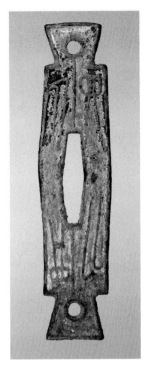

20.7g
（四比當釿連布）

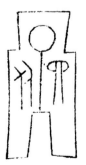

9.8g
（四比當釿）

爰金：

　　「爰金」是楚國鑄造的金版，楚國是古代盛行黃金
的地區，因為楚國有許多產金區，例如汝、漢就是以產
黃金而聞名。管仲就羨慕楚國的黃金：「使夷吾得居楚之
黃金，吾能令農毋耕而食，女毋織而衣」。

　　楚國黃金有一定的鑄造形式，這種形式是像豆腐乾
一樣的小金塊，上面有文字，文字多用陰文，成色一般
都很好，有些接近純金。這種小金塊並不是一枚一枚單
獨鑄造，而是在土模上打上許多印記，一次澆注而成，
使用時臨時鑿開，這些印記像圖章一樣，所以宋人稱為
「印子金」。根據實物和土范的觀察，一版上金塊的數
目並不固定，多者可達二十幾方，印記的排列也並不整
齊，開鑿也不準確，所以流通時一定要經過秤稱。金塊
上的文字有郢爰、陳爰、專爰等。「爰」字黃釋：「稱」，
「郢」是楚國的首都（湖北江陵縣），由於金版以「郢爰」
為最常見，而其它幾種也稱「爰」，所以統稱「爰金」
或「金爰」。

　　「北方的刀布是從生產工具發展出來的。楚國的蟻
鼻錢是由銅貝發展出來的，但「爰金」的形式就難以理
解了。它不像是什麼工具演變出來的，也不像是裝飾品，
這種形狀的錢幣只有印度使用過。印度在西元前 400 年
前後通行方銀塊方銅塊，上面也打上各種印記，也用切
鑿的方法來截開。楚國的「爰金」是否同印度有聯繫？
蟻鼻錢作為貝殼的承繼者在當時中國的幣制中是一種落
伍的因素，而金幣卻是一種先進的因素，若要解釋，僅
能說楚國文化有部份是受外來文化所影響。」（參閱彭
信威《中國貨幣史》）

15.6g
（郢爰）
（珍 48）

33.6g
（郢爰）
（珍 49）

（珍 50）

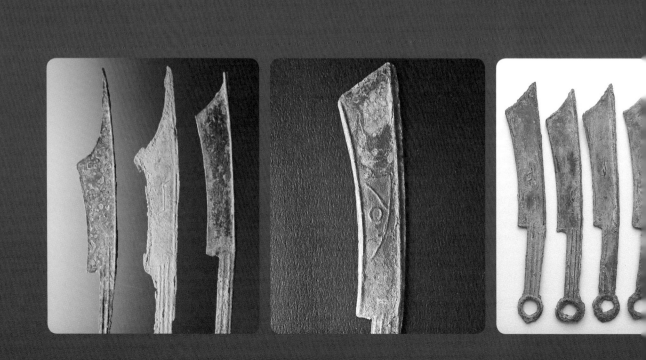

CHAPTER 5

春秋戰國時期
的刀幣

春秋戰國時期的刀幣

「刀幣」體系很明顯是由實用的刀演化出來的，原形未變。近年來小屯等地有各種大小形狀的刀出土，柄端有環，柄身有裂溝，不管這種古刀是否和古布一樣曾作為貨幣流通過，後來的刀幣都保留了這兩種特點；刀幣的流通範圍沒有布幣廣，用於北方的趙國、燕國及戎、狄等草原民族，以及東方的齊國。大概古代中原的人以農殖為主，所以用農具為貨幣，東北部、東部的人們都從事漁獵，所以用刀為貨幣。

「傳經講學」四川省物館收藏的漢代畫磚像，描繪西漢成都文翁石室授經的情況，左邊榻上坐著講經的老師，下面蓆上環坐著六位學生，雙手捧著竹簡，正凝神靜聽老師講學。右下角那位學生腰間掛著書刀，用來削去簡冊上的錯字。這種刀具造形，刃微彎曲，柄端有環，和「原始刀」是一模一樣。

工具刀

針首刀：

「針首刀」這種刀是 1932 年在熱河承德地方出土的，以後陸續在匈奴故地出土，有人名之為匈奴刀。它的特點是刀首特別尖，尖的像針一樣，所以稱之為「針首刀」是名符其實。刀身也比較短而薄，每枚重量自 5 克到 9 克以上。上面都有文字，或紀數、紀干支、或紀禽獸器用名如鳥、魚、戈等，筆畫簡單，書法古拙，多象形文字，甚至有人說像甲骨文；從形制和製作上看來，這種針首刀應當是最早的。它製作的輕薄而尖，這對於流通是很不方便的，它的時代可能在春秋末戰國初。

左：6.2g
（珍 53）

中：6.6g
（珍 54）

右：11.8g
（珍 55）

尖首刀：

　　「尖首刀」，都是在河間、保定一帶出土的，春秋戰國屬燕。形制比較長，它本身有大小，但製作都很精整，每枚重約16克。多數有文字，或在面，或在背，這些文字有些是地名，另外一些大概只是標識。

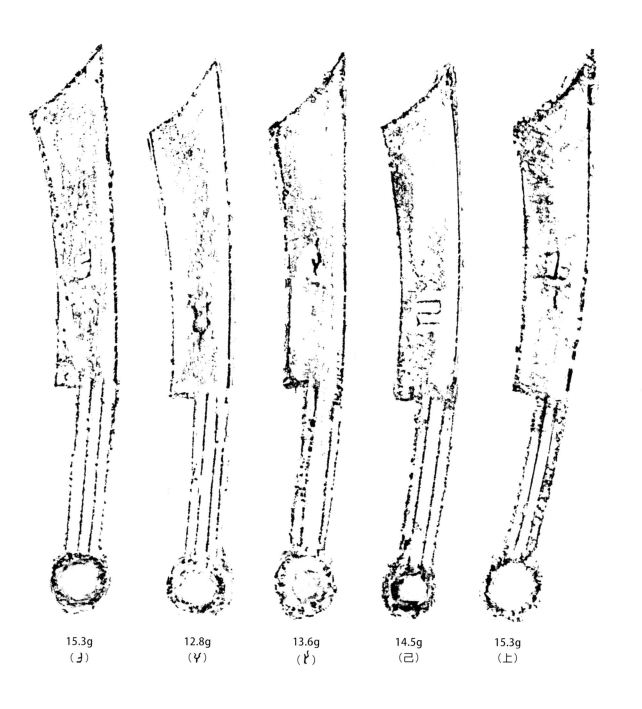

| 15.3g | 12.8g | 13.6g | 14.5g | 15.3g |
| （丁） | （丫） | （匕） | （己） | （上） |

燕國：

春秋時，燕國崛起於北方，以新興國家的面貌出現，燕國在戰國時代，僻處東北，早期與中原各國殊少征戰。燕王噲時曾為齊所破。至燕昭王時，發憤圖強，禮聘賢才，以樂毅為將，聯合各國伐齊，得齊城七十餘座，又拓遼東，蔚為強國；據有今河北省東北部，遼寧省一部份及朝鮮西北，以及內蒙古南部。

秦王進行兼併戰爭時，六國遭秦分化，已不能合作，各國本身又無抵抗能力。至秦始皇二十年，燕太子丹，憂患秦滅趙後，即將侵燕，遂計使荊軻刺秦王，然而卻失敗。秦令王翦、辛勝攻燕，燕、代聯合發兵擊秦。秦軍破燕國易水之西。二十一年，王賁攻薊，由王翦為前軍，破燕太子軍，攻燕薊城，燕王斬太子丹，以首謝秦。二十五年，使王賁攻燕遼東，得燕王喜，燕亡。

燕城牆：
燕下都，今河北易縣高陌鄉。圖為下都西城部份城牆遺跡，在二千多年前，還沒燒製磚塊，全部用夯土版築，每層10公分至20公分間，堆砌而成。

武陽臺（燕王宮）：
位於燕都東城，建於戰國時期，是燕下都宮殿區最大的建築，是燕王處理國事及朝廷之地。經二千多年來雨水沖刷及人為破壞，現存臺基 13 公尺，東西長 140 公尺，南北寬 110 公尺，是中國境內僅存最大臺基。

瓦礫層下，埋藏的是兩千多年前雄偉的燕武陽宮。

七女墩：
是燕下都的墓葬區，因地表上有七個大陵墓，當地人稱突出地面七個像女人胸乳的土堆為七女墩。

燕子塔：

荊軻刺秦王失敗，秦伐燕，燕敗。燕王斬太子丹首級獻秦王謝罪；後人在易水畔燕子村立塔追思。

易水：

西元前 200 年，荊軻為燕太子丹入秦行刺秦王，在易水之濱送行，「風蕭蕭兮，易水寒；壯士一去不復還。」千古壯懷，河山同悲。

燕明刀：

　　「明刀」是刀幣中數量最多，出土範圍最廣，遠到旅順、遼陽，甚至朝鮮、日本也有出土。它的形制類尖首刀，而製作沒有尖首刀那樣工整，這是大量製造的關係，它的特點在於刀面上的一個「⼑」字，這個字千變萬化，有人說是「召」字，一般人說是「明」字，明字代表燕國的平明，也有人說是「易」字，指易州；今山東朱活釋為「晏」字，河南劉森釋為男女陰陽交合的圖騰，一般人仍習慣稱為「明」字。

　　「明刀」的背文複雜，有一個字、也有多字的，其數字從個位數到百、千、萬位數，也有天干、地支，如甲、乙、丙或申、丑或左、右、中等，還有一部份無法釋讀。若從樣式來區別可分兩大類，一是「圓折刀」，一是「方折刀」。

面文圖示

背文圖示

圓折刀：

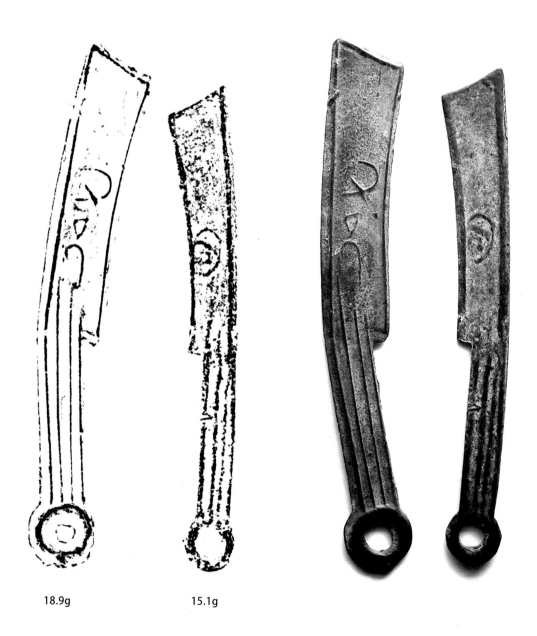

18.9g   15.1g

方折刀：

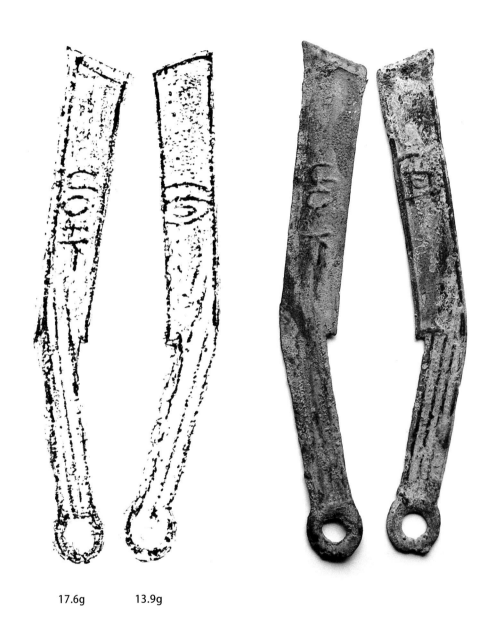

17.6g 13.9g

齊明刀（博山刀）：

　　「博山刀」始得名於清代嘉慶年間出土於山東博山香峪村的一批較特殊的刀幣，因其形制和銘文有別於燕國一般明刀，又出土於古齊之地，故也有稱「齊明刀」或「齊易刀」。

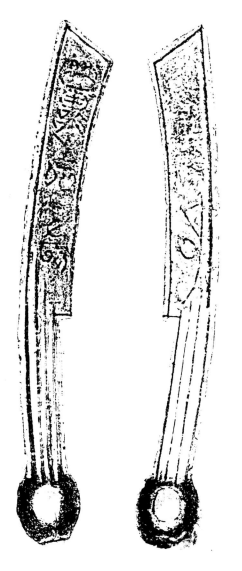

13.9g

刀之一面細長「刃」字，背面無銘文或有單字象形圖文，以三、四字的，其中以「ㄐ」及「丆」最多。近年出土漸多，從形制上可細分「尖首刀型」及「明刀型」等。其年代使用以戰國中、晚期（前390～280年）是較一致的看法。

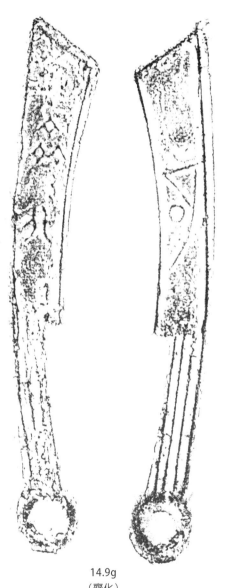

14.9g
（齊化）
（珍51）

直刀：

　　「直刀」又稱「趙直刀」，刀上的文字有兩種、一是「白人」（柏人），一是「甘丹」（邯鄲），兩者在形制和製作上都很相像，不過彼此又各有大小，刀柄或直或圓，很不規則；「甘丹刀」比較寬一點，文字平夷，有時又難以認出，每枚重約 10 ～ 11 克，是趙國鑄造。

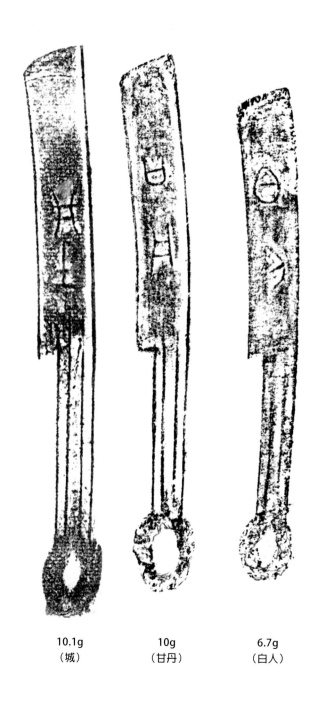

| 10.1g | 10g | 6.7g |
| （城） | （甘丹） | （白人） |

河北靈壽縣中山國故址附近在 1979 年曾出土不少的「成白」直刀，和趙直刀是一個樣式，應當是中山國仿趙直刀鑄造的。

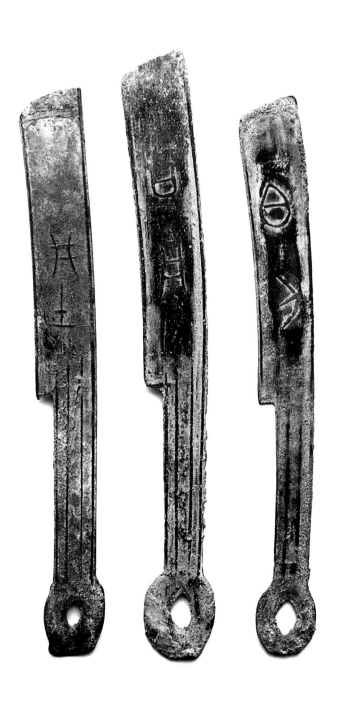

小直刀:

「小直刀」形制和「直刀」相像，但薄小，只有5～10克重，「半」字更輕到只剩2.5克而已，出土數量極少。有藺、晉半、晉化、晉陽、晉陽化、晉陽新化等文字，這種刀的特點是刀柄上沒有兩條直紋，其鑄行時間應在戰國晚期。

黃錫全改釋：「晉半」爲「言半」，「晉化」爲「言刀」，「晉陽」爲「言易」，「晉陽半」爲「言易刀」，「晉陽新化」爲「言易新刀」。「言」或稱「圜」，讀「圜陽」，此刀幣曾出土於陝西神木。

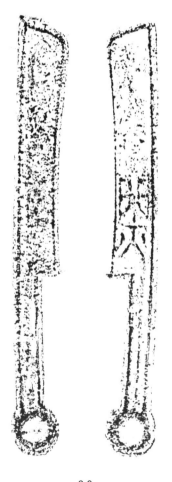

9.9g
（藺）

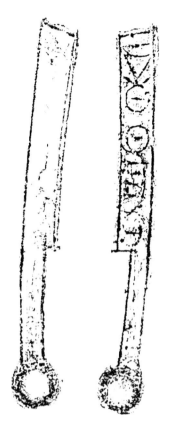

4.9g
（圜昜半）

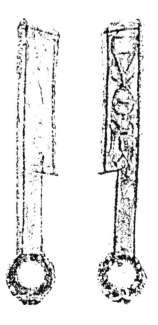

2.6g
（圜半）

截首刀：

　　即尖首刀由刀背中部向刀刃上部截去刀首，出土於山東。其截去原因應該是折半價使用，一枚刀幣重達 12 克左右，半兩、半釿僅重 5 ～ 6 克而已，折半使用應當合理。另外，近年出土些像針一樣的刀幣，不知用途如何？只能推測是否是減重用途？還是殉葬用途？重量 6.7 克至 1.5 克不等。

齊國：

「齊所以為齊者，以天齊也。」《史記・封禪書》
齊國是太公望呂尚所封的姜姓之國，司馬遷對足智多謀的
呂尚有過佳評，《史記・齊太公世家》：「吾適齊，自泰
山屬之琅邪，北被于海，膏壤二千里，其民闊達多匿知，
其天性也」。

自十四代的齊襄公併吞紀國後，齊國的歷史才逐漸明
晰。襄王死後齊國內亂，桓公繼位任管仲為相，整規內政，
而成霸業；桓公用會盟的形式把東方諸侯組織起來，藉以
維持傳統的秩序。桓公重信義，幫助了衛邢役復國，助魯
平內亂，於周惠王二十二年（西元前 656 年）率魯、宋、
陳等國之兵伐楚，阻止了楚國的北進。後又會盟葵丘共尊
王室，成其霸業。

齊長城：
此城牆位於山東博山附近，傳
為齊、魯兩國的界牆，近年又
重修過。

經過春秋長期兼併，形成戰國七雄角逐的格局，威王時以鄒忌為相，軍事家孫臏等重臣，桂陵馬陵一戰大敗強大的魏國，成為七雄中最強盛的國家，擁有今山東省之大部及河北省一小部。

齊湣王時，各國嫉忌齊國之強大，燕國和齊為世仇，燕昭王以樂毅為將，聯合各國伐齊，於西元前 284 年大敗齊國，攻入齊都臨淄，齊湣王逃到莒。齊國七十餘城為燕所占，齊國殘存土地，僅約五分之二，直到五年後（279年）即墨守將田單縱反間之計，使樂毅去職，反攻復國，大破燕軍收復失土，但從此國力大損，再也不是秦之對手，221 年為秦所滅。

齊桓公臺：
在今日臨淄縣城之西北角，為春秋時代齊國的宮廷區域，據說桓公時，曾在這裡建築了高大的宮室。

臨淄橋：
臨淄是戰國時代，齊國的國都，當時城中號稱有七萬戶之眾。城郭是在淄河的左岸，城中工商發達，可以控制整個山東半島的財富。《戰國策·齊策一》「臨淄甚富而實，其民無不吹竽鼓瑟筑彈琴，鬥雞走犬，六博蹹踘者；臨淄途車轂擊，人肩摩，連衽成帷，舉袂成幕，揮汗如雨，家敦而富，趾高而揚。」

古臨淄大都市約有三十萬人口，整個都市引水，排水是個大問題，從圖上可見到當時排水口之建造有多龐大。

莒城故址：
西元前 284 年六國合縱攻齊，燕樂毅下齊七十餘城，僅剩即墨和莒城；齊襄王即位於莒，視莒為立國
之地。今日莒縣是否為古齊國莒城？據莒縣博物館考古學者尉崇德指正，今舊址可能和元朝馬睦火鎮
的地方重疊。

即墨故城：
在今山東平度市東南約 25 公里的小毛村附近。即墨本為萊國都邑，因和齊爭營丘，為齊襄公所滅。併
入齊地。此城址東西寬約 3000 公尺，南北張長達 4000 公尺，依姑、尤二水而築。

齊大刀：

　　「齊刀」，製作精整，每枚重量在 40 克以上，若以刀面文字的多少來分類，可分「三字刀」、「四字刀」、「五字刀」、「六字刀」。刀面文古今釋讀不一，如三字刀面文古釋爲：「齊法化」今釋：「齊大刀」，這面文釋讀只有第一個字「齊」是大家所認同的。單字背文有：化、日、上、吉……等。雙字背文有：大行、大昌、關封、安邦等，這雙字背文也出現在四字刀、五字刀背面上。三字刀的製作比較粗率，數量最多，顯然是後期的東西，而且是大量鑄造，但又不像是財政困難的時候所鑄的，而像是在國力強盛，開支較多的時候所鑄的，因爲它的重量每枚重量約 47 克，它的外緣也不中斷，同六字刀一樣；其他四字刀、五字刀的刀緣在接柄處中斷，這種斷緣的形制把齊刀分爲兩類。

「三字刀」：

　　朱活《古錢新探》中指出齊國正式以「齊法化」來統一各種刀幣的時間，我們認爲最可能是在齊威王到宣王時代，即西元前 378 ～ 324 年之間，因爲這個時期齊國進行了不少的政治改革；就「齊法化」之形制、銘文字體和所含銅、錫、鉛比例及其它各型共存的關係，其始鑄亦當爲戰國中期。

　　齊刀上的「齊」字，是指齊城，即臨淄，不是指齊國，因爲「即墨刀」、「安陽刀」都是指邑名，不是指國名，不過如果指齊城，爲什麼不直書齊城或臨淄呢？無論如何，到了後來，三字刀盛行，「齊」字就代表的是齊國人的鑄幣了。

單字背文圖示

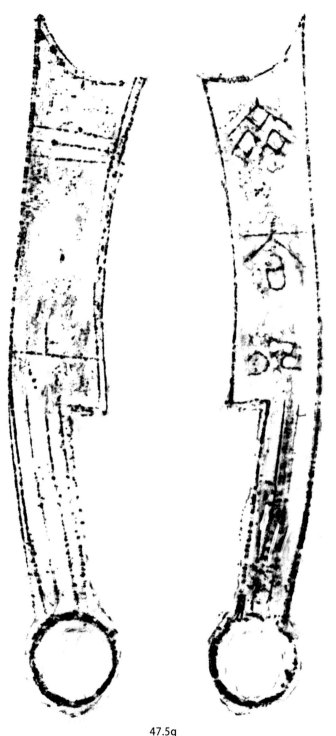

47.5g
（齊法化）

47.5g
（齊法化）

「四字刀」：

面文為「齊之法化」今釋「齊之大刀」，背文有化、人、上、日，二、甘等，文字秀麗，每枚重約 54 克，數量不多，特點是四字刀正面的外緣在接柄處中斷，這種斷緣的形制把齊刀分為兩類。

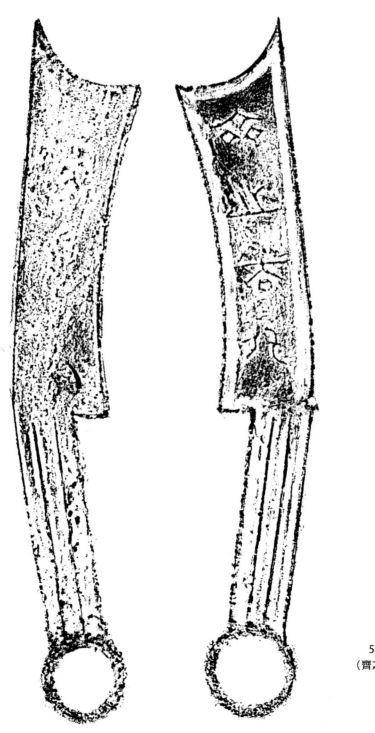

54.3g
（齊之法化）

此幣爲桓公時代齊國初鑄之幣，乃齊都臨淄所鑄。初尙齡《古金所見錄》云：「齊法貨，齊之法化，不著地名，蓋建都之區只須以國號統之地。其即墨、安陽爲齊之大都會，則直以邑名記之，杜注《左傳》所謂大都以名通者，不繫以國也。」

54.3g
（齊之法化）

「五字刀」：

　　五字刀有兩種一種爲「安陽刀」，一種爲「即墨刀」。「安陽刀」面文「安陽之法化」，今釋：「安易之大刀」，背文有二、八、化、工、上、〇、卜、屮等。製作特別精整，文字高挺，表現了高度技術水準，每枚重約50克，刀緣中斷；安陽在西元前412年才爲齊國所取得，「安陽刀」的鑄造大概是在田齊的初期。安陽爲地名，但具體地點不詳，以莒地之說爲最多。

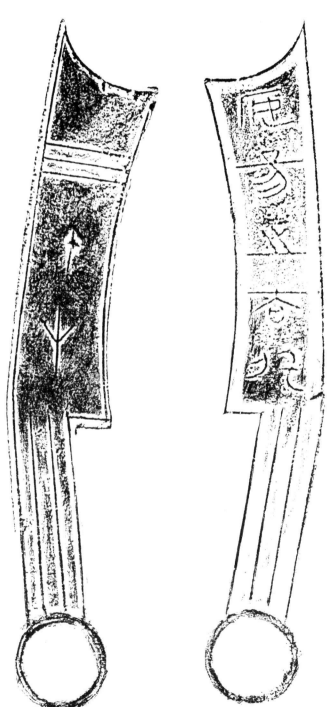

49.8g
（安陽之法化）

「即墨刀」面文「節墨之法化」，今釋：「即墨之大刀」。即墨刀有大小兩種，小型刀面文「節墨法化」，少了一個「之」字，重量也只有32克左右，因爲有大小之區分，就存在是「減重」或「兩等制」的問題。「減重」理由：燕昭王時燕將樂毅破齊，圍齊即墨達六年（西元前284～279年）之久，即墨地區經濟惡化，通貨膨脹，

49.8g
（安陽之法化）

鑄幣減重是必然現象；「兩等制」理由：齊被燕拔下七十餘城，僅剩莒和即墨，即墨在政治上而言也是獨立的，鑄兩等制的刀幣，也沒有說不通之處，更何況齊刀種類多，要減重也不必僅挑「即墨刀」一種來減重發行。

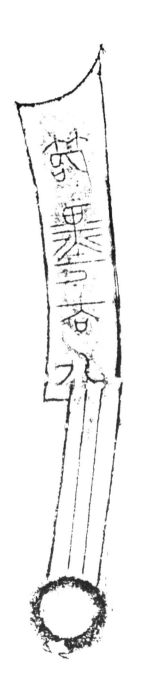

32.4
（即墨法化）

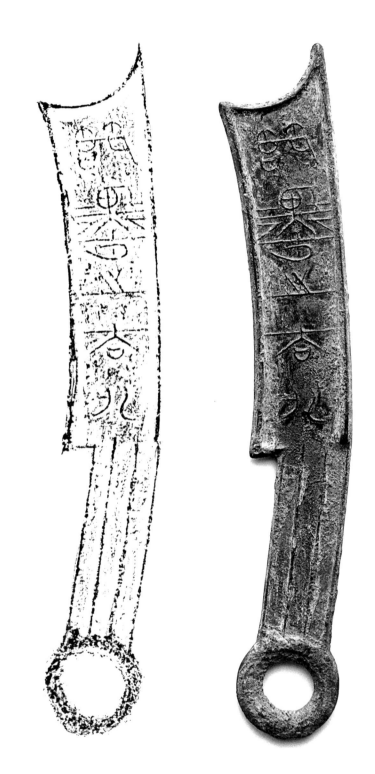

59.4
（即墨之法化）

「六字刀」：

面文「齊造邦之法化」，此刀應該是田齊開國的紀念幣，當在西元前 378 年。黃錫全釋「造邦」爲「返邦」。若是「返邦」的話，此幣當是齊襄王君臣返回齊都臨淄後，所鑄的紀念幣。此刀文字的筆畫不盡相同，有各種不同的解釋，實際上只有第一個「齊」字沒有引起爭論的。這種刀有光背的，但以有背文爲多，都是一個字，如化、日、上、工、吉、屮、卜等。它的製作在「齊刀」中數量最少，文字筆畫高挺的更少，每枚重約 46 克至 55 克；似乎是早期的東西，不是由於粗製濫造，而是由於技術上的限制。

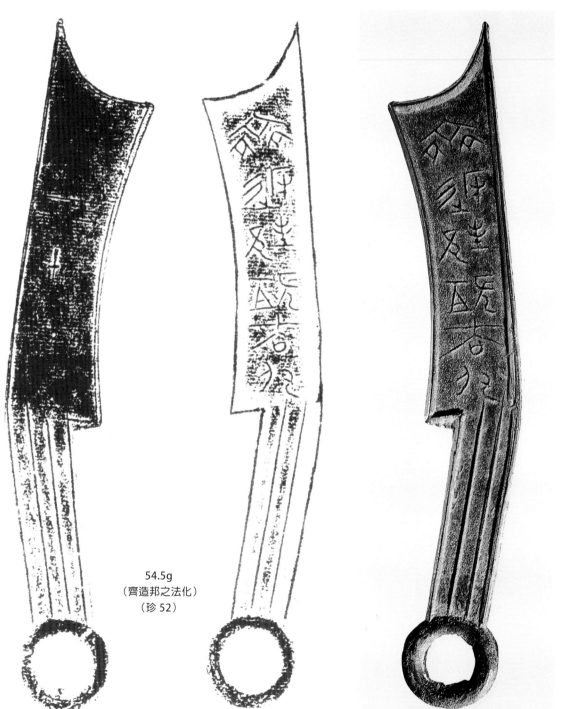

54.5g
（齊造邦之法化）
（珍 52）

春秋戰國時期
的環錢

春秋戰國時期的環錢

「環錢」在戰國時期的幣制中，另一種體系，為西陲的秦國所用；魏、周及三晉都曾小部份錢幣使用環錢，但不是主流貨幣，不像秦國開始使用銅鑄幣時，就未曾使用其他刀、布、釿等貨幣。隨著秦滅六國後，統一的貨幣，使用的也是環錢「半兩」，從此以後，中國歷代鑄幣都以「環錢」為本，它是一種承先啓後的貨幣。一般錢幣學家把它叫的「圜金」或「圜錢」。「圜」字容易引誤解，讓人誤以為班固所說的「錢圜函方」「太公為周立九府圜法」等；遠在石器時代已有鑽孔的石環和石珠，「環錢」很可能是從紡輪演變出來的，紡輪和刀、鏟一樣是古代人民的生產工具；這些紡輪的樣式和早期環錢「垣」「共」字錢大小，穿孔多相同。

有些錢幣學家說環錢是由「璧、環」演變出來的，由於錢幣形狀接近環，實際上環錢上肉好的比例並不如璧環那樣準確，「垣」字錢「共」字錢，穿孔有很小的，肉好是三與一之比，既不像環，也不像璧，只是像紡輪。而且璧環一般都比較大，環錢和紡輪的大小差不多；其他如「半睘」「共」等，它們的穿孔比較大，很像身上佩戴的掛飾璧墜。如果要說環錢和璧環有什麼聯繫，那就可能是兩者的來源相同，同是由紡輪變來的，也許我們可以說，後期的環錢受了璧環的影響。

魏國圜錢

「垣」字錢：

錢面文「垣」字，圓形圓孔，有一釿、半釿大、小兩種，半釿筆者未曾見過。大者錢徑4厘米左右，重約8克～10克上下，垣字有書傳形者。垣見《史記．秦始皇本紀》：昭襄王「十五年，大良造白起攻魏，取垣，復與之。」即《漢書．地埋志》：河東郡垣縣，在今山西垣曲東南。

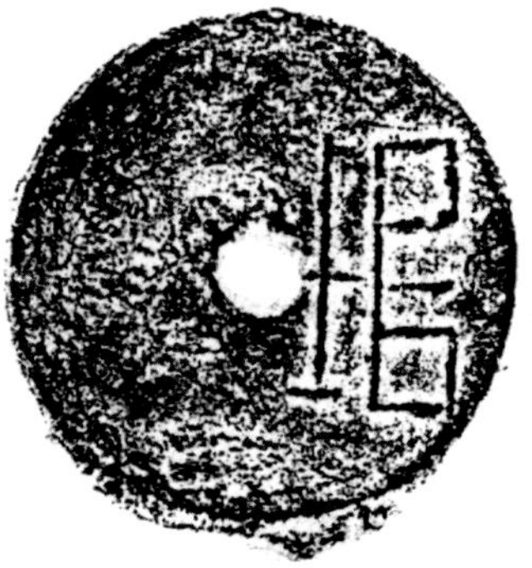

40mm
9.5g

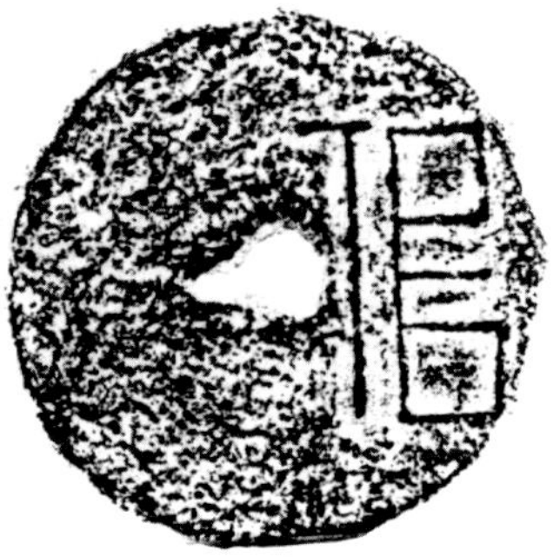

41mm
13.6g
（傳形）

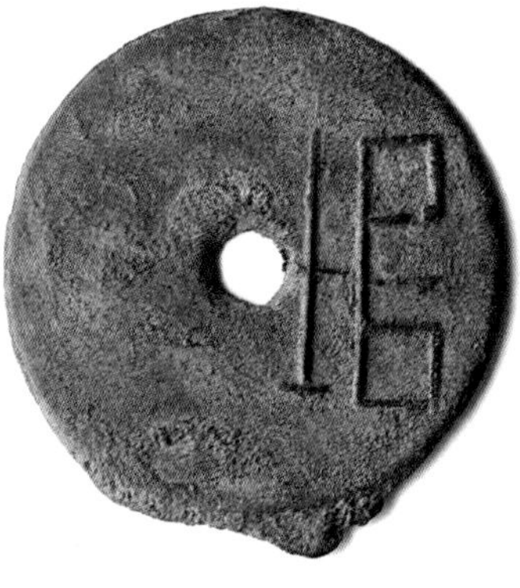

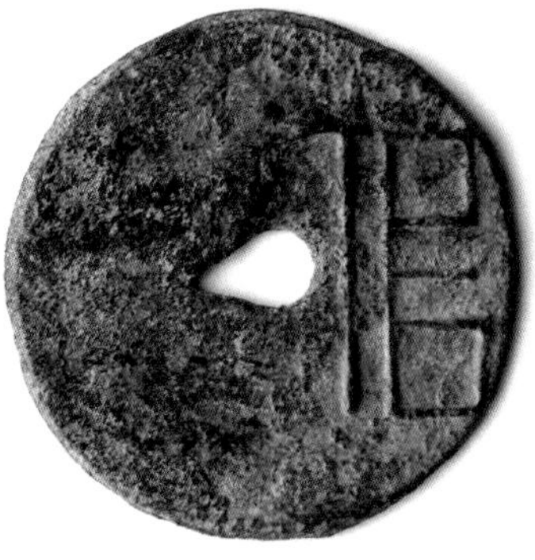

「共」字圓錢：

　　錢面文有「共」字，圓形圓孔，錢徑約 4.5 厘米左右，重約 14.5 ～ 19 克上下。共見《左傳》隱公元年：「大叔出奔共。」即《漢書・地理志》：河內郡「共縣」。其地在今河南輝縣。

44mm
18.6g

「共屯赤金」圓錢：

　　錢面文有「共屯赤金」四字，旋讀，圓形圓孔。「共」即共字圓錢之「共」，地名。「屯」即「純」，「赤金」即「銅」。錢徑在 4 厘米左在，重約 11 克上下。

（珍 61）

「黍垣一釿」圓錢：

面文有「黍垣一釿」四字，旋讀，圓形圓孔，徑約 3.7 厘米左右，重約 10.5～13 克上下。「黍垣」即「漆垣」，《漢書・地理志》：上郡屬漆垣，當在今陝西銅川西北。另有「黍睘一釿」少見，應是相同鑄地的錢品，「睘」可能是「垣」的假借字，也可能與「半睘」之「睘」同義。

37mm
10.3g

「半釿」：

此錢形制特別，半圓形，中有一小孔，面文「半釿」二字，「半」字倒書，1991 年首次出土於陝西富縣，與漆垣一釿圓錢同出一罐內。半軸徑約 2.26 厘米，重約 5.5 克上下。

5.2g

趙國圜錢

「藺」字圜錢：

　　面文有「閦」字，即藺，有左藺及右藺兩種，圓形圓孔，面多有外郭，背無文，錢徑約 3.5 厘米左右，重約 10 ～ 12 克上下。藺在今山西離石西；西元前 282 年為秦所併吞。

38.5mm
10.1g
（珍 54）

「离石」圜錢：

　　面文「离石」二字，圓形圓孔，面有外郭或無，背無文，錢徑約 3.5 厘米左右，重約 10 克上下，少見。离石今山西离石縣。西元前 281 年為秦昭王所攻滅。

（珍 63）

「坓坪」圓錢：

面文「坓坪」二字，旋讀，舊釋「封坪」。黃錫全釋「廣平」，坓、黃音近可通。「廣平」見《漢書・地埋志》：廣平國，今河北曲周北，戰國屬趙。錢徑約 3.1 厘米，重約 8 〜 10 克左右。

（珍 56）

「𣲤陰」圓錢：

是否確為趙所鑄？暫從舊考。面文「𣲤陰」二字，舊釋「濟陰」，背無文，錢徑約 3.3 〜 3.9 厘米，重約 10.2 克上下；近年來有出現小型者，是否為半釿用途？

33mm
7.9g
（珍 57）

兩周圜錢

「西周」「東周」圜錢：

　　面文「西周」「東周」二字，左右書之，圓形圓孔，面有內外郭，背無文。錢徑約2.9厘米左右，重約4～6.6克上下。面文「西周」「東周」，即戰國中期周王畿內被分為西周和東周兩個小國；「西周」指的是洛陽的西周郡，「東周」指的是鞏縣的東周郡，是地名而非歷史上西周或東周朝代名稱。

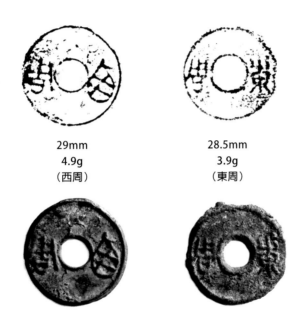

29mm
4.9g
（西周）

28.5mm
3.9g
（東周）

「安臧」圜錢：

　　面文「安臧」二字，圓形圓孔，背無文，錢徑約3.5～4.3厘米左右，重約10克上下。「安臧」空首布在洛陽一帶時有出土，安臧當在周畿之內，詳細地望尚未証實。

40mm
8.55g

齊國圜錢

「賹刀」：

　　齊國圜錢特點是外圓內方孔，平背（背無文之意），面文都有一個「賹」字，如：「賹刀」「賹四刀」「賹六刀」等三種，「賹」字的解釋有地名說及重量說兩種說法。鑄地以地名為錢幣面文是齊國鑄幣傳統，例如：齊大刀、安陽刀、即墨刀等，幣面文都是鑄上地名，「賹」為益都也無不可。「賹」字視重量單位解釋，可從《孔從子・小爾雅》「一手之盛謂之溢，兩手謂之掬」，溢為一把粟米的重量。但是賹圜錢重僅 1.2 ～ 2.35 克，它的價值是由政府法定為一益（見朱活《古錢新探》）。另外，黃錫全釋「賹」之本義包括「記人」和「記物」兩個內涵；「刂と」字，舊釋「化」，今釋「刀」。這些圜錢主要出土在山東，而且常伴著齊大刀一起同出，它使用年代應當是晚於齊刀的貨幣；齊圜錢與大刀的重量相差懸殊，如何兌換？無法想像。

19mm	27mm	33mm
1.0g	5.1g	8.2g
（賹化）	（賹四化）	（賹六化）

燕國圜錢

「一刀」「明刀」「明四」：

　　這三種圜錢是否三等制下的兌換關係？不敢確定。它鑄造期約在燕王喜徙居遼東以後（在位於西元前 254～222 年）。「一刀」面文「夕一」二字，左右書之，圓形方孔，有內外郭，平背。錢徑約 1.8～2.0 厘米左右，重約 1.5～2.5 克上下。

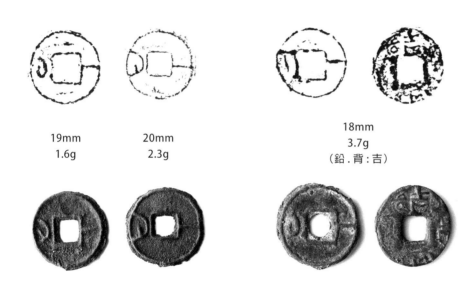

19mm
1.6g

20mm
2.3g

18mm
3.7g
（鉛．背：吉）

　　「明刀」面文「夕刀」二字，左右書之，圓形方孔，面無郭，平背。錢徑約 2.3～2.5 厘米，重約 1.8～2.5 克上下。

25mm
1.8g

「明四」面文「彡勹」二字，左右書之，圓形方孔，平背。錢徑約 3.0 厘米左右，重約 4 克上下。（稱：明四、召四等多種讀法）

26mm
5.0g

28.3mm
3.4g
（珍 60）

秦國圜錢

「半睘」：

　　面文「半睘」，圓形圓孔，面文半睘左右書之，平背。錢徑約2.8厘米左右，重約4.5克上下。睘即圜，亦即圓。意指一兩圜錢的一半，即半兩也。

28mm
4.4g

「一銖重一兩十二」：

　　面文「一銖重一兩十二」，旋讀，圓形圓孔，平背。錢徑約4.5厘米左右，重約9.8～13克上下。面文旋讀又內郭圓孔造成釋讀上爭議；舊釋：重一兩十二銖，今釋：一銖重一兩十二。後面「十二」有可能是紀年。

46.5mm
13.2g

「一銖重一兩十四」：

面文「一銖重一兩十四」，旋讀，圓形圓孔，平背。錢徑約3.6～4.0厘米左右，重約9.5～15克上下。以前將上述二品的「十二」「十四」併入重量解讀；但是實際測得，二品在錢徑和重量上相差不多，所以現在都不釋讀「十二銖、十四銖」。

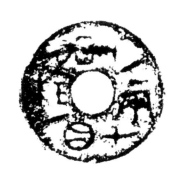

38mm
9.8g
（珍58）

「兩甾」：

面文「兩甾」，左右對讀，圓形方孔，有外郭及無外郭兩種，平背。錢徑約3.0厘米左右，重約6～7.8克上下。「甾」六銖也，兩甾為十二銖，等於半兩。

29mm
5.7g

「半兩」：

面文「半兩」，左右對讀，圓形方孔，有少部份有外郭，大體上是無外郭，平背。錢徑和重量相差甚大，從 2 厘米到 4 厘米以上都有，重量從 2 克到 15 克不等。半兩錢使用時間很長，上從西元前 350 年商鞅第二次變法時統一度、量、衡制，「平斗桶（斛）權衡丈尺」，其中當包括有統一貨幣之內容，雖先秦文獻不見記載，《史記・秦始皇本紀》載秦惠文王「立二年（西元前 336 年），初行錢」。初行錢鑄的就是「半兩」錢，這是估算大致年代。下至秦末漢初（西元前 206～119 年）漢武帝元狩四年冬下令銷半兩錢更鑄三銖止。

33mm	30mm	23mm
12.0g	7.0g	3.0g
（戰國半兩）	（秦半兩）	（秦末漢初半兩）

「文信」「長安」：

　　面文「文信」，左右對讀，面上有四道角紋，漢銅鏡上常有這種角紋，稱：規矩文。錢型外圓內方孔，錢徑小。是呂不韋爲文信侯時所鑄。

　　面文「長安」，錢徑大小和文信錢相似，「長」字在穿右，「安」字在穿下，文字排列很奇特。是否爲長安侯時所鑄？尚待進一步考証。

呂不韋墓：

呂不韋陽翟人，爲大賈，家豐千金。時莊襄王質趙以不韋之計得嗣位；不韋爲相，封文信侯。後不韋納邯鄲姬有娠，獻之莊王；生子政，即秦始皇也。始皇遂尊呂不韋爲仲父；後不韋私通太后，畏罪自殺。

曾著有《呂氏春秋》，置於咸陽之城門，曰：「有能增損一字者予千金。」

CHAPTER **7**

秦的統一與
「半兩」

秦的統一
與「半兩」

秦的遠祖叫柏翳，虞舜命他牧放，頗有成效，舜就賜他嬴姓。嬴氏的後代傳到了非子，周孝王（西元前909～985年）命他在汧渭地區（甘肅天水）牧馬，因辦得好，孝王就封為附庸，並給他秦邑地。以後就稱嬴氏為秦嬴。秦襄公時，周封為諸侯，至秦惠公時，平犬戎，又向六國發展。

西元前359年秦孝公三年，商鞅變法，國勢強盛，並得很多韓，魏土地。

西元前333年六國用蘇秦合縱策略來抗秦。

西元前325年秦惠文王五年，開始稱王。

西元前256年秦昭襄王五十一年，周赧王命諸侯連合討秦，周赧王敗，獻三十六城降秦。周室亡。

西元前221年秦滅六國，完成統一大業，建立空前未有的大帝國，秦王政自稱秦始皇帝。

秦統一後，廢除封建制度，實行中央集權政策。統一文字（一律用小篆）、幣制、度、量、衡等。開馳道，車同軌，修長城，沒入天下兵器，鑄十二金人；泰山封禪，命海外求長生不老；建阿房宮，造陵寢，焚書坑儒，⋯⋯等等，廣泛了引起民間及六國遺族的反抗，在五次出巡時，死於沙邱（河北北平鄉東北）。

始皇臨終，遺詔傳位太子扶蘇，但是被寵臣趙高，李斯私下竄改，矯詔迫使扶蘇和大將蒙恬自殺，改立胡亥爲二世皇帝（西元前 209 年）。胡亥益加寵信趙高，結果李斯被殺，以後趙高又殺了二世，假意立扶蘇兒子子嬰即位，子嬰悉趙高謀篡，乃親自殺趙高，滅三族洩憤。嬰立僅四十六天，沛公劉邦已經攻入咸陽，嬰投降；不久項羽也入咸陽殺了子嬰，大屠咸陽，火燒阿房宮，秦亡。秦自代周爲王至亡國，共爲四十九年，全國統一僅十五年。

秦的發源地汧渭，今甘肅天水秦嶺、秦亭一帶。

放馬灘：
位於天水北道埠南八十里處，黨川公路經過的燕子關西側，地處秦嶺上，為一開闊草場。
四面環山，林木茂盛，是個好牧場。秦的祖先即在此牧馬。

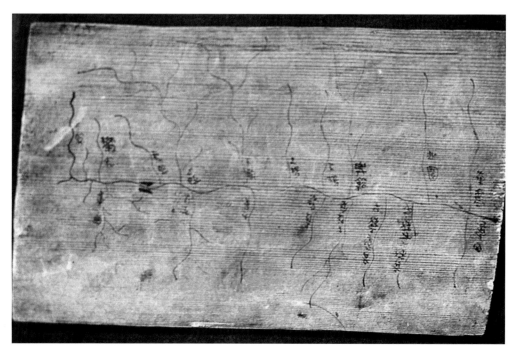

「中國最早的地圖──放馬灘地圖」，西元 1986 年 3 月放馬灘林場工人在維修房基中，發現
古墓葬群，經考古專家發掘，出土大量戰國時期的秦竹簡，並發現七塊木質地圖。此圖所繪是
秦邽縣圖。圖中東西走向的水系是渭河，南北支流為耤河、隴河、清水河、東柯河等。其水系
與今天天水諸流相符。地名以邽丘為中心，其位置在今北道區東泉鎮。邽縣故城則在跑泉鎮。

秦咸陽宮故址：
今由文管單位保護中，尚未正式挖掘。
西元前 350 年秦孝公遷都咸陽，商鞅
首先於城內營築冀闕，以後歷代秦王又
增建許多宮殿，秦始皇又增建仿六國宮
室，滔滔渭水穿流於宮闕之間，離宮別
館，亭台樓閣，連綿復壓三百餘里，隔
離天日，是當代最繁華的城市。

今人仿建咸陽宮正殿部份，廣場兩側為始皇統一六國後，沒收各國兵器溶鑄成十二金人。

函谷關：
秦東出滅六國，及項羽入咸陽，都由此關口進出。它是秦國東邊最重要的要隘。

秦始皇即位三年後，於泰山舉行封禪儀式。「封禪」本為祭拜東嶽山神，但始皇目地是在宣揚國威，誇示自己的功德。泰山因佇東海間的最高峰，居高望東，頗有屈臨中國疆域之極東。

秦始皇陵的兵馬俑。

泰山石刻：
始皇於西元前 219 年，東封泰山刻石，原石發現於宋代，文字磨滅頗多，歷經佚亡後再發現。
它是秦丞相李斯以籀文為基礎，簡化後所撰寫的小篆，其結構協調、筆力工致、古拙蒼勁，
是統一六國後，唯一通行全國的文字範本。秦「半兩」二字即是出自李斯的書法。

此係自「秦權量二世銘」
所取出之字。

秦篆。

秦始皇泗水撈鼎圖：

傳說大禹鑄九鼎以象九州，故鼎為傳國寶器，中央政府權力之象徵。鼎由夏傳至商、周，至周
末天下大亂，失去踪跡，據說沉於泗水之中。

始皇為表示己為天命所歸，乃至泗水覓撈九鼎。此漢畫象石，即描繪此一歷史故事。

咸陽宮遺址的水道陶管，上飾有飛龍環繞著圓璧，秦始皇採用方孔圓錢鑄幣，是受「天圓地方」
觀念所影響，這是古代的宇宙觀，而始皇是一位相信方士的人。

半兩的分類：

　　戰國時秦國地處西陲，一向被中原諸侯視為落後的夷狄之地，戰國初期，秦國商品經濟未發展以前，仍然使用貝殼，珠玉等實物貨幣。直至秦始皇統一中國後，才頒令珠玉，龜貝等不為幣。

　　秦國早期的城邑有秦都雍城（今鳳翔境內），建於春秋秦德公元年（西元前 677 年），都城面積有 11 平方公里，此後經歷 21 位君主，存在 300 年之久，至戰國秦獻公二年（前 383 年），秦都才遷往櫟陽；秦早期城邑還有杜縣，麗邑，頻陽，安陸，美陽，汧等。隨著城邑集市貿易及社會商品經濟的發展，起步較晚的秦國，大約在戰國中前期，秦國城邑已開始鑄造金屬貨幣。

戰國時期的秦半兩：（B.C.328 ～）

　　秦國早期鑄幣包括有「一珠重一兩十二、十四」兩種及圓孔圓錢，「半睘」錢，及方孔「兩甾」錢。在戰國中前期，秦國衡制仍十分混亂，還未見統一。西元前四世紀中葉，秦孝公起用魏國謀士商鞅，實行變法圖強，並統一秦國度、量、衡。自此秦國正式實行「銖、兩」制，取消各地城邑使用的甾、釿、鋝等計量名稱，部分城邑亦改鑄，使用「半兩」錢代替半睘、兩甾錢，開始了「半兩」貨幣的初鑄時期。

　　這十餘年間，秦中央政府仍未實施統一貨幣，只是在錢幣計量單位上實行「銖、兩」制。這個時期的半兩錢有三大特徵：

一、鑄工原始，製作粗糙，錢體較大、厚重，外沿及內孔不十分圓，內孔方穿也不明確，其中圓孔半兩屬最早期鑄幣。

戰國早期秦半兩，錢徑：33.2mm，重：11.8g。

二、徑大厚重者占多數，一般錢徑 3 至 3.5 厘米，個別達
　　3.8 厘米，重量 8 至 15 克，亦有錢重達 20 克。

　　文字奇古，錢文高挺渾厚，大篆韻味濃。「半」字的
　　「二」下橫畫較短，「兩」字第一橫筆若隱若現，「从」
　　上豎筆較長。

　　鑄口留痕較寬。

　　從半兩實物上測重，能從 20 克遞減至 4 克左右，這
　　落差也未免太大了吧！實際上並未必也。主要是秦在戰國
　　時期使用半兩錢長達一百一十多年。從貨幣學理論上來
　　說：金屬貨幣是由重遞變至輕，由大變小，所以早期的半
　　兩重達十幾克，晚期半兩僅剩四、五克而已，也不足為
　　奇了。我們依據秦的圓錢「銖重一兩十二」「銖重一兩
　　十四」實測得知，一兩重約在 10 克至 12 克間，和「垣」
　　「共」「黍垣一釿」「藺」「离石」「𣎴陰」等圓錢的重
　　量接近，一兩也和一釿接近。所以戰國晚期的秦半兩，重
　　量應該是在 5.5 ～ 6.5 克上下；另外，從「半睘」「半釿」
　　「兩甾」及「東周」「西周」等圓錢重量實測，也是重量
　　在 5 ～ 6 克之間；連方足布的重量也在 5 ～ 6 克上下，直
　　刀一支重量也都在 10 ～ 12 克之間，所以才有「截首刀」
　　的出現，截刀幣一半則和半兩錢重量相近，交易中才不吃
　　虧。

34.3mm
15.5g

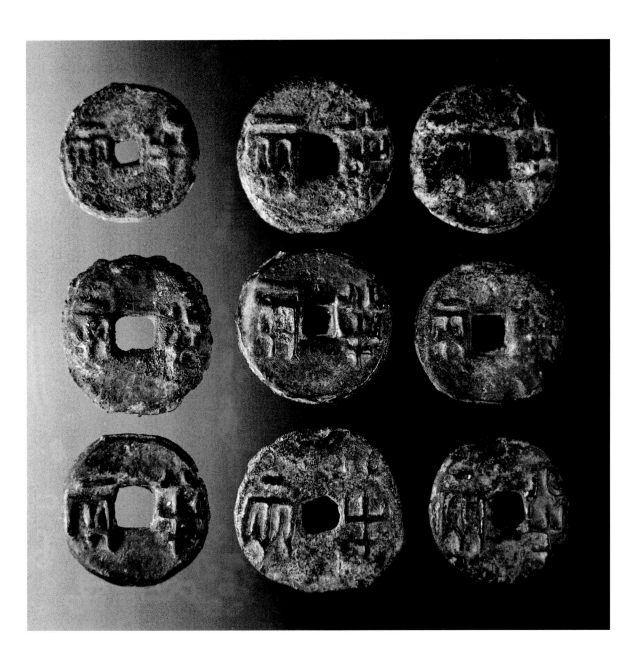

大小不一，重量不等的秦戰國時期「半兩」錢。

戰國晚期各國貨幣一兩、一釿重量實測：
（一兩、一釿都在 10 ～ 12 克之間）

秦權錢「第九重四兩」，實測重量為：43.4 克，
所以一兩重量為：11 克上下。(珍 62)

13.2g
（一珠重一兩十二）

9.8g
（一珠重一兩十四）

10.3g
（黍垣一釿）

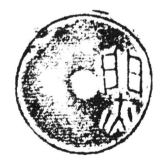

10.1g
（藺）

9.5g
（垣）

9.8g
（安陽）

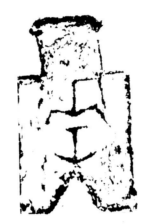

9.3g
（甽）

10g
（甘丹）

貨幣名稱	實測重量
第九重四兩	43.4g
一銖重一兩十二	13.2g
一銖重一兩十四	9.8g
黍垣一釿	10.3g
藺	10.1g
垣	9.5g
安陽	9.8g
甽	9.3g
甘丹刀	10g
一兩平均重量：10.2 克	

戰國晚期各國貨幣半兩、半睘、半釿、兩甾等重量實測：

（都在 5 ～ 6.5 克之間）

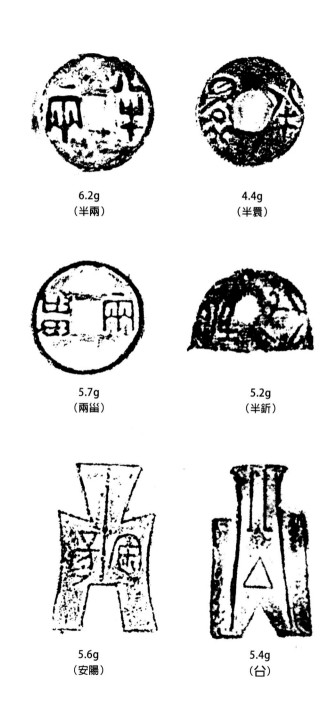

6.2g
（半兩）

4.4g
（半睘）

5.7g
（兩甾）

5.2g
（半釿）

5.6g
（安陽）

5.4g
（台）

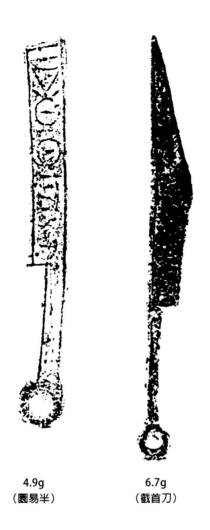

4.9g
（圜昜半）

6.7g
（截首刀）

貨幣名稱	實測重量
半兩	6.2g
半睘	4.4g
兩甾	5.7g
半釿	5.2g
安陽	5.6g
台	5.4g
圜昜半	4.9g
截首刀	6.7g
半兩平均重量：5.51 克	

秦權錢（國家法定砝碼）。

統一後的秦半兩：（B.C.221）

　　始皇於西元前221年統一中國，隨即實行全國貨幣制度的統一。據《史記・平準書》記載「……及至秦，中一國之幣為二等，黃金以「鎰」名，為上幣。銅錢識曰：『半兩』，重如其文，為下幣。而珠玉，龜貝，銀錫之屬為器飾寶藏，不為幣。」可見秦初推行的幣制，是以秦國沿用的方孔圓錢取代六國鑄幣，仍以「半兩」為貨幣單位，「重如其文」即十二銖，是國家法定的標準錢重。據商鞅「量」推算，秦標準尺，一尺合今制0.23米，錢徑一寸二分相當於2.8厘米，又秦制一銖，合今制0.67克，十二銖相當於8克左右。現今各地出土的秦代中型半兩，錢重8克的實不多見，說明初期國家法定的重量，只能維持一個很短的時期，官鑄錢的減重現象普遍存在。

秦半兩特點是：

　　錢體較小，孔徑變大，週沿較圓，個別有內郭及外郭，錢文高，但不如戰國半兩高挺，文字呈小篆體，也較方正。「半」字下平畫短，「兩」字的第一橫筆較長，「从」上豎筆漸短，出現連山式。這些文字上特點和戰國半兩是有區別的。

30mm
5.3g
秦統一後的「半兩」錢。

晚期的秦半兩：（B.C.209～）

　　秦二世要「復行錢」，就是再一次頒布法令，繼續推行秦王朝幣制，當屬「秦半兩」錢。秦二世時期鑄行的半兩，徑小輕薄，大致可分官鑄與私鑄兩種類別：官鑄一般直徑2至2.4厘米左右，一枚重2至3克不等，相當於四銖半兩，錢文稍高挺，屬秦小篆書體，筆劃清晰；另一類為「莢錢」，制作粗劣，穿孔較大，錢文草率不規範，錢徑一般小於2厘米，一枚重不足2克，屬秦末民間私鑄錢。（參閱：關漢亨《半兩貨幣圖說》上海書店出版社。黃錫全《先秦貨幣通論》）

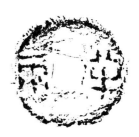

30mm
4.9g

秦末漢初，減重的「半兩」錢。

珍稀泉品出處一覽表

珍 1. 林春雄 藏

珍 2. 林春雄 藏

珍 3. 林春雄 藏

珍 4. 上海博物館 藏

珍 5. 張豐志 藏

珍 6. 張豐志 藏

珍 7. 張豐志 藏

珍 8. 張豐志 藏

珍 9. 張豐志 藏

珍 10. 張豐志 藏

珍 11. 張豐志 藏

珍 12. 張豐志 藏

珍 13. 張豐志 藏

珍 14. 張豐志 藏

珍 15. 王紀耕 藏

珍 16. 張豐志 藏

珍 18. 張豐志 藏

珍 19. 張豐志 藏

珍 19-1. 張豐志 藏

珍 20. 張豐志 藏

珍 20-1. 張豐志 藏

珍 21. 張豐志 藏

珍 22. 張豐志 藏

珍 23. 張豐志 藏

珍 24. 張豐志 藏

珍 25. 張豐志 藏

珍 26. 賴立川 藏

珍 27. 賴立川 藏

珍 28. 賴立川 藏

珍 29. 張豐志 藏

珍 30. 錄自中國山西歷代貨幣

珍 31. 錄自中國山西歷代貨幣

珍 32. 林春雄 藏

珍 33. 林春雄 藏

珍 34. 林春雄 藏

珍 35. 王紀耕 藏

珍 36. 王紀耕 藏

珍 37. 張豐志 藏

珍 38. 張豐志 藏

珍 39. 張豐志 藏

珍 40. 賴立川 藏

珍 41. 張豐志 藏

珍 42. 張豐志 藏

珍 43. 錄自中國山西歷代貨幣

珍 44. 誠軒 07 年春季拍賣品

珍 45. 嘉德 14 年春季拍賣品

珍 46. 張豐志 藏

珍 47. 張豐志 藏

珍 48. 嘉德 06 年春季拍賣品

珍 49. 嘉德 06 年春季拍賣品

珍 50. 嘉德 14 年春季拍賣品

珍 51. 林春雄 藏

珍 52. 上海博物館 藏

珍 53. 林春雄 藏

珍 54. 林春雄 藏

珍 55. 林春雄 藏

珍 56 . 張豐志 藏

珍 57. 林春雄 藏

珍 58. 張豐志 藏

珍 59. 林春雄 藏

珍 60. 張豐志 藏

珍 61. 上海博物館 藏

珍 62. 林春雄 藏

珍 63. 嘉德 06 年秋拍賣品

戴醇士（又名戴熙，清代畫家）舊藏，流落至台灣劍花樓李鴻球，今為林春雄藏。

MEMO

國家圖書館出版品預行編目資料

先秦貨幣通覽 / 蔡啓祥著. -- 初版. -- 臺北市：
蘭臺出版：博客思發行，2014.12
　面；　公分
ISBN 978-986-6231-99-5(精裝)

1.貨幣史 2.先秦

561.092　　　　　　　　　　　　103022457

考古文物 6

先秦貨幣通覽

作　者：蔡啓祥

編　輯：張加君

美編設計：涵設

出　版　者：蘭臺出版社

發　行：博客思出版事業網

地　址：台北市中正區重慶南路一段121號8樓之14

電　話：(02)2331-1675或(02)2331-1691

傳　真：(02)2382-6225

E-MAIL：books5w@yahoo.com.tw或books5w@gmail.com

網路書店：http://bookstv.com.tw/、http://store.pchome.com.tw/yesbooks/
　　　　　http://www.5w.com.tw/、華文網路書店、三民書局

總　經　銷：成信文化事業股份有限公司

劃撥戶名：蘭臺出版社 帳號：18995335

網路書店：博客來網路書店 http://www.books.com.tw

香港代理：香港聯合零售有限公司

地　址：香港新界大蒲汀麗路36號中華商務印刷大樓

C&C Building，36，Ting，Lai，Road，Tai，Po，New，Territories

電　話：(852)2150-2100　　傳　真：(852)2356-0735

總　經　銷：廈門外圖集團有限公司

地　址：廈門市湖裡區悅華路8號4樓

電　話：86-592-2230177　　傳　真：86-592-5365089

出版日期：2014年12月 初版

定　價：新臺幣800元整

ISBN：978-986-6231-99-5(精裝)